ÉTUDES BANTOUES II

SOCIÉTÉ D'ÉTUDES LINGUISTIQUES ET ANTHROPOLOGIQUES DE FRANCE

53

André JACQUOT
A.E. MEEUSSEN et Claire GRÉGOIRE

ÉTUDES BANTOUES II

1. Étude de phonologie et de morphologie myene, par André Jacquot
2. Notes sur la tonalité du nom en laadi, par A.E. Meeussen
3. Les suffixes verbaux et les finales de la conjugaison simple en laadi, par Claire Grégoire

Publié avec le concours du

CENTRE NATIONAL DE LA RECHERCHE SCIENTIFIQUE

1976

ISBN 2-85297-081-3

ÉTUDES BANTOUES II

SOMMAIRE

Cet ouvrage a été réalisé
avec la collaboration technique
de Françoise LANDEAU
et de Bernadette DESGRANGES.

Imprimerie Orientaliste, s.p.r.l.
Louvain (Belgique)

RÉSUMÉS

André JACQUOT - Etude de phonologie et de morphologie myɛnɛ, 1976, Paris, SELAF (Collection, 53).

Le faisceau linguistique myɛnɛ (B.10 Myene Cluster dans la classification de Guthrie) se compose des parlers mpoŋgwɛ, ajumba, galwa, eneŋga, oruŋgu et ŋkɔmi. Un trait commun à ces parlers est l'alternance de segments phoniques consonantiques à l'initiale du lexème nomino-verbal, du lexème du substantif de classes 11/19, et, dans certains lexèmes qui ne sont ni nomino-verbaux, ni le noyau de substantifs de classes 11/19. Cette alternance pose un problème d'identification des phonèmes qui forment le système consonantique myɛnɛ.

Les parlers myɛnɛ se classent en deux types sur la base du système consonantique, le système vocalique étant unique : tous les parlers ont 28 phonèmes consonantiques (26 consonnes, 2 semi-voyelles), à l'exception du mpoŋgwɛ qui en a 29 (27 consonnes, 2 semi-voyelles).

Les alternances consonantiques étudiées dans la seconde partie relèvent soit de la morphologie de monèmes grammaticaux ou des classes nominales, soit de la morphologie du lexème.

Claire GREGOIRE - Les suffixes verbaux et les finales de la conjugaison simple en laadi. - 1976, Paris, SELAF (Collection, 53).

Partant de l'identification des suffixes verbaux et de leur combinaison avec les différents types de radicaux et avec les finales de la conjugaison, problèmes qui sont exposés dans A. JACQUOT, *Etude descriptive de la langue laadi*, dans une perspective fonctionaliste, l'auteur propose une analyse différente des mêmes données en montrant qu'à un niveau linguistique plus abstrait, il est possible de justifier les modifications subies par les formes de base des lexèmes et des morphèmes par l'application de règles agissant en succession dans un ordre déterminé.

A.E. MEEUSSEN - Notes sur la tonalité du nom en laadi. 1976, Paris, SELAF (Collection, 53).

La tonalité des substantifs laadi présentés dans A. JACQUOT, *Etude descriptive de la langue laadi*, paraît échapper à toute règle logique. Il semble pourtant que, par l'application des règles appropriées s'exerçant à un autre niveau d'analyse, on puisse identifier différents types de tonalité et interpréter l'ensemble de la diversité observée comme un ensemble d'alternances ayant un certain degré de cohésion et de plausibilité phonologique.

*

André JACQUOT - Etude de phonologie et de morphologie myɛnɛ.
Study in Myɛnɛ Phonology and Morphology.
1976, Paris, SELAF (Collection, 53).

The Myɛnɛ Cluster (B.10 in Guthrie's classification) is formed of the Mpoŋgwɛ Ajumba, Eneŋga, Galwa, Oruŋgu and ŋkɔmi dialects. A commun feature of these dialects is an alternation of the initial consonants in certain series of lexemes : nomino-verbal lexemes, lexemes in Cl. 11/19 substantives, lexemes in substantives which are neither nomino-verbal nor Cl. 11/19 substantives. This alternation raises a problem in the phonemic analysis of the consonants.

The vowel system is identical throughout the cluster, but there are two consonant systems : all dialects have a 28-units system (26 consonants, 2 half-vowels) except Mpoŋgwɛ, which has 29 units (27 consonants, 2 half-vowels).

The cases of consonant sandhi taken up in the second part pertain either to the morphology of grammatical morphemes and noun classes, or to the morphology of the lexeme.

Claire GREGOIRE - Les suffixes verbaux et les finales de la conjugaison simple en laadi
Verb suffixes and Simple Conjugaison Endings in Laadi.
1976, Paris, SELAF (Collection, 53).

This work examines the problem of Laadi verb suffixes and their combination with various types of roots and conjugational endings, as developed in A. Jacquot, *Etude descriptive de la langue laadi*, from a functionalist standpoint. A different analysis of the same data is then proposed, to show that it is possible, by means of a more abstract linguistic representation, to explain the changes affecting underlying forms of the lexemes and morphemes involved by the application of a set of ordered rules.

A.E. MEEUSSEN - Notes sur la tonalité du nom en laadi.
Notes on Noun Tones in Laadi.
1976, Paris, SELAF (Collection, 53).

Laadi noun tones, as presented in A. Jacquot, *Etude descriptive de la langue laadi*, seem to resist a simple logical analysis. This work nevertheless shows that, by the application of a set of rules at an appropriate analytic level, tone types can be identified, and the observed data can be interpreted in a coherent and phonologically plausible way.

*

André JACQUOT - Etude de phonologie et de morphologie myɛnɛ.
Estudio de la fonología y la morfología del myɛnɛ.
1976, Paris, SELAF (Collection, 53).

El "haz" de lenguas myɛnɛ (el Myene Cluster, B.10, de la clasificación de Guthrie) se compone de los dialectos mpoŋgwɛ, ajumba, galwa, eneŋga, oruŋgu y ŋkɔmi. Un rasgo común a todos estos dialectos es la alternancia de segmentos consonánticos en posición inicial de lexema nomino-verbal, de sustantivo de las clases 11/19 y de determinados lexemas que no son nomino-verbales ni núcleos de sustantivos de las clases 11/19. Esta alternancia plantea un problema para la identificación de los fonemas que constituyen el sistema consonántico myɛnɛ.

Los dialectos myɛnɛ pueden clasificarse en dos tipos según su sistema consonántico, siendo universal el sistema vocálico : todos los dialectos tienen 28 fonemas consonánticos (26 consonantes, 2 semivocales) salve el mpoŋgwɛ, que tiene 27 (29 consonantes y 2 semivocales).

Las alternancias consonánticas estudiadas en la segunda parte pertenecen o bien a la morfología de los monemas gramaticales o clases nominales, o bien a la morfología del lexema.

Claire GREGOIRE - Les suffixes verbaux et les finales de la conjugaison simple en laadi.
Los sufijos verbales y las desinencias de la conjugación simple en laadi.
1976, Paris, SELAF (Collection, 53).

Refiriéndose a la identificación de los sufijos verbales y sus combinaciones con los diferentes tipos de radical y con las desinencias de la conjugación, tal como la expone, desde un punto de vista funcionalista, A. JACQUOT, *Etude descriptive de la langue laadi*, la autora propone un análisis diferente de los mismos datos, y consigue mostrar que, en un nivel linguístico más abstracto, se puede explicar las modificaciones sufridas por las formas básicas de los lexemas y morfemas mediante la aplicación de reglas que operan sucesivamente y en un orden determinado.

A.E. MEEUSSEN - Notes sur la tonalité du nom en laadi.
Notas acerca de la tonalidad del nombre en laadi.
1976, Paris, SELAF (Collection, 53).

La tonalidad de los sustantivos en lengua laadi, presentada en A. JACQUOT, *Etude descriptive de la langue laadi*, parece reacia a toda explicación lógica. Sin embargo, el autor sostiene que, mediante la aplicación de reglas adecuadas a un nivel analítico apropiado, se puede identificar diferentes tipos de tonalidad e interpretar las variaciones observadas como un conjunto de alternancias con cierto grado de coherencia y de verosimilitud fonológica.

*

André JACQUOT - Etude de phonologie et de morphologie myɛnɛ.
Phonologische und morphologische Forschung in myɛnɛ.
1976, Paris, SELAF (Collection, 53).

Das linguistische Bündel myɛnɛ (B.10, Myɛnɛ Cluster in der Guthrie Klassifizierung) besteht aus den Mundarten mpoŋgwɛ, ajumba, galwa, eneŋga, oruŋgu, und ŋkɔmi. Eine gemeinsame Charakteristik dieser Mundarten ist die Abwechslung von konsonantischen Segmenten am Anfang des Lexems vom Substantiv der Klassen 11/19 und einiger anderer Lexeme. Diese Abwechslung stellt ein Problem für die Identifizierung von Phonemen, die das konsonantische System myɛnɛ bilden. Die Mundarten my n sind in zwei Typen auf der Basis des konsonantischen Systems eingeteilt, da das Vokalsystem einzig ist: alle Mundarten haben 28 konsonantische Phoneme (26 Konsonanten, 2 Halbvokale) mit Ausnahme des mpoŋgwɛ, das 29 hat (27 Konsonanten und 2 Halbvokale). Die konsonantischen Abwechslungen, die im 2. Teil untersucht werden, zeigen entweder die Morphologie der grammatischen Moneme oder der Substantivklassen oder die Morphologie des Lexems.

Claire GREGOIRE - Les suffixes verbaux et les finales de la conjugaison simple en laadi.
Die verbalen Suffixe und die Endsilben der einfachen Konjugation im laadi.
1976, Paris, SELAF (Collection, 53).

Ausgehend von der Identifizierung der verbalen Suffixe und ihrer Konbination mit den verschiedenen Typen von Wortstämmen und den Endsilben der Konjugation, alle Probleme, die in einer funktionalen Perspektive in A. JACQUOT, *Etude descriptive de la langue laadi* vorgestellt werden, schlägt die Autorin eine andere Analyse derselben Daten vor, indem sie zeigt, dass es auf einer abstrakteren linguistischen Ebene möglich ist, die Abänderungen an den Grundformen der Lexeme und Morpheme zu rechtfertigen durch die Anwendung von Regeln in einer bestimmten Anordnung.

A.E. MEEUSSEN - Notes sur la tonalité du nom en laadi.
Anmerkungen über die Tonbeschaffenheit des Nomens im laadi.
1976, Paris, SELAF (Collection, 53).

Die Tonbeschaffenheit der laadi Substantives, die in A. JACQUOT, *Etude descriptive de la langue laadi*, behandelt wird, scheint jeder logischen Regel zu entbehren. Man kann dennoch durch die Anwendung geeigneter Regeln auf einer anderen Ebene der Analyse verschiedenen Typen der Tonbeschaffenheit erkennen und die Gesamheit der beobachteten Unterschiede als Komplex von Abwechslungen interpretieren, die einen gewissen Grad phonologischer zusammengehörigkeit und Glaubwürdigkeit haben.

*

André JACQUOT - Etude de phonologie et de morphologie myɛnɛ.
Андре ЖАКО - Очерк по фонологии и морфологии языка myɛnɛ
1976, Paris, SELAF (Collection, 53).

Лингвистическая вязка myɛnɛ (B.10 Myene Cluster в классификации Гасри) состоит из говоров mpoŋgwɛ, ajumba, galwa, eneŋga, oruŋgu и ŋkɔmi. Общая черта этих говоров является чередованием согласных сегментов в начальном слоге именно-глагольной лексемы, лексемы имени существительного классов 11/19 и в некоторых лексемах являющихся ни именно-глагольными, ни ядром имен существительных классов 11/19. Это чередование заставляет проблему идентификации фонем составляющих согласную систему myɛnɛ.

Говоры myɛnɛ распределяются по двум классам на основе согласной системы, гласная система остается единым : все говоры имеют 28 согласных фонем (26 согласных, 2 полугласные) в исключении говора mpoŋgwɛ имеющих 29 (27 согласных, 2 полугласные).

Согласные чередования изученные в второй части принадлежат либо морфологии грамматических монем или именных классов либо морфологии лексемы.

Claire GREGOIRE - Les suffixes verbaux et les finales de la conjugaison simple en laadi.
Клэр ГРЕГУАР - Глагольные суффиксы и конечные слоги в простом спряжении в языке laadi
1976, Paris, SELAF (Collection, 53).

В данном очерке изучаются задачи идентификации глагольных суффиксов и их комбинации с разными типами основ и с конечными слогами спряжения, задачи которые были изложены с функциональной точки зрения в A. JACQUOT, *Etude descriptive de la langue laadi*. Автор предлагает различный аннлиз тех же самых данных и показывает что на более абстрактивном уровне можно объяснить изменения касающиеся основных форм лексем и морфем посредством применения правил действующих последовательно и в определенном порядке.

A.E. MEEUSSEN - Notes sur la tonalité du nom en laadi.
А.Е. МЕУСЕН - Примечания о тональности имени на языке laadi
1976, Paris, SELAF (Collection, 53).

Тональность имен языка laadi представленных в A. JACQUOT, *Etude descriptive de la langue laadi*, кажется не поддаться всякому логическому правилу. Однако же данное исследование показывает что применением на другом уровне анализа пригодных правил можно идентифицировать различные типы тональности и толковать замеченные данные как ансамбль чередований с определенной степенью связности и фонологической вероятности.

1. ÉTUDE DE PHONOLOGIE ET DE MORPHOLOGIE MYENE

par A. JACQUOT

INTRODUCTION

0. Le faisceau linguistique myɛnɛ (B.10 MYENE CLUSTER dans la classification des langues bantu de Malcolm GUTHRIE) est trouvé dans la partie occidentale du Gabon, dans une zone grossièrement délimitée par un quadrilatère dont les sommets sont Libreville, Port-Gentil, Omboué et Lambaréné. Il comprend les parlers suivants, dont les noms sont donnés dans une transcription phonétique large :

1° [mpóŋgwɛ̀], principalement à Libreville, en majorité dans les quartiers Louis, Quaben, Orèty, Glass, London, Toulon, Plaine-Niger, Baraka, qui correspondent à d'anciens villages de la période précoloniale ou des débuts de la colonisation, et dans quelques campements à la Pointe Denis (rive gauche de l'estuaire du Komo) ; environ 1200 personnes ;

2° [gálwà], dans la région Lambaréné-Lac Onangué ; environ 2000 personnes ;

3° [àjúmbà], en aval de Lambaréné entre Ouango et Lac Azingo ; moins de 1000 personnes ;

4° [ènéŋgà], sur le Lac Zilé à l'est de Lambaréné ; quelques dizaines de personnes ;

5° [òrúŋgú], à Port-Gentil et au Cap Lopez , environ 2000 personnes.

6° [ŋkɔ́mì], dans le Fernan-Vaz (lagune Nkomi) ; environ 6000 personnes[1].

Les chiffres de population indiqués sont des approximations : il est en réalité très difficile de connaître des chiffres exacts tant pour la population que pour les locuteurs, car outre le fait que les

---

[1] Dans le cours de cette étude, les abréviations suivantes seront éventuellement utilisées : Mp. (mpóŋgwɛ̀), G. (gálwà), A. (àjúmbà), E. (ènéŋgà), Or. (òrúŋgù), Nk. (ŋkɔ́mì).

recensements officiels ne tiennent plus compte de l'ethnie des individus, il y a de nombreux intermariages, de fréquents déplacements vers les villes et entre villes, et aussi les membres de certaines ethnies minoritaires de cette zone se disent et parlent myɛnɛ, cette communauté jouissant d'un prestige certain.

L'unité myɛnɛ est reconnue par les locuteurs, qui ont conscience de parler une même langue tout en étant capables d'identifier sans peine l'appartenance de chacun à l'intérieur du faisceau linguistique. Le terme [òmyɛ́nɛ̀] qui désigne cette langue a son origine, d'après WALKER[2] dans la formule [myɛ́ nɛ́] "moi (je dis) que..." qui ouvre ou jalonne la plupart des conversations. Pour cet auteur, la langue myɛnɛ comprend six dialectes (ceux énumérés ci-dessus) qui présentent entre eux des divergences parfois assez grandes

"soit dans les mots eux-mêmes (...), soit dans les tournures (...)",

et pour GUTHRIE[3], qui ne cite pas le parler E. dans son inventaire,

"the differences between these dialects do not appear to be very great, except in the details of the verbal system".

Commencée en 1972 dans le cadre des activités du Centre ORSTOM de Libreville, mes enquêtes portent sur l'ensemble du faisceau (le parler E. n'a pu encore faire l'objet d'enquêtes suivies) et visent à définir la structure de la langue myɛnɛ et les divergences qui amènent sa diversification en six parlers.

D'après GUTHRIE, (*op. cit.*), le myɛnɛ présente une certaine originalité typo-génétique qu'il définit ainsi :

"Superficially these dialects might appear to be related to A.30[4] on the one side and to B.20[5] on the other, but in fact they constitute a very distinct isolated language which probably displays as much relationship to Bantu languages elsewhere as to those in the near neighbourhood".

On y relève entre autres, un trait particulièrement frappant et qui n'a, à ma connaissance, pas encore été décrit et étudié de façon détaillée dans le domaine linguistique bantu, trait qui sera analysé ici d'un point de vue synchronique mais qui ouvre d'intéressantes perspectives diachroniques.

---

[2] WALKER (André Raponda), 1934, *Dictionnaire Mpongwè-Français suivi d'éléments de grammaire*, Metz, Imprimerie de la Libre Lorraine, V + 640 + XVII p.

[3] GUTHRIE (Malcolm), 1953, *The Bantu Languages of Western Equatorial Africa*, Handbook of African Languages, International African Institute, 94 p., 1 c. h.-t.

[4] Bube-Benga Group.

[5] Kele Group.

Ce trait, commun à l'ensemble du faisceau, concerne l'aspect phonique d'un nombre important de lexèmes où l'on observe une alternance consonantique initiale dans les mots de certaines catégories grammaticales. Plusieurs cas peuvent être dégagés en fonction de l'identité des segments phoniques impliqués dans les alternances et de la manière dont s'opèrent celles-ci, qui posent un problème pour l'analyse phonologique au niveau consonantique : il s'agit en effet de savoir si et quand une alternance délimite des variantes lexicales (morphologie du lexème) ou est une marque (morphologie de monèmes grammaticaux), c'est-à-dire si les deux termes phoniques de l'alternance sont des phonèmes distincts (variantes lexicales distinguées par la consonne initiale) ou bien un seul et unique phonème (combinaison d'un phonème avec un trait phonique qui est une marque grammaticale).

Le présent travail propose une esquisse phonologique des parlers myɛnɛ dans une première partie et étudie dans une seconde partie les problèmes de morphologie impliqués dans l'analyse phonologique du fait des alternances consonantiques.

1ère Partie

ESQUISSE PHONOLOGIQUE

I. UNITÉS DISTINCTIVES

1. Phonématique

1. Les phonèmes

Du point de vue du système phonologique, les langues myɛnɛ se partagent en deux types, la distinction reposant sur l'inventaire des phonèmes consonantiques dont le Mp. est plus riche d'une unité que les autres langues, toutes les autres unités étant communes.

1.1. *Consonnes*

Les langues G., A., E., Or. et Nk. ont un système consonantique de 28 unités, soit 26 consonnes et 2 semi-voyelles, qui se retrouvent en Mp. L'identification de ces phonèmes est basée sur des rapprochements impliquant des termes de la langue A., avec indication des éventuelles particularités de réalisation dans les autres langues. Le phonème propre au Mp. sera identifié après les phonèmes communs.

Les consonnes sont identifiées dans le lexème à l'initiale et en position postvocalique.

1.1.1. Phonème /p/

Identification :

p/b : (é)pà "os" / (í)bà "manger" ;
dúpà "saisir à bras le corps" / dúbà "respecter".

p/mp : ópè "veillée" / òmpé(lè) "cou".

p/m : ópà "lutte" / ómà "personne" ;
dúpà "saisir à bras le corps" / dúmà "enfler".

p/f : ópà "lutte" / ófà "arrête" ;
(d)úpà "saisir à bras le corps" / (j)úfà "dérober".

p/w : (ó)pù "blancheur" / wú(lù) "ordures" ;
d(ú)pà "saisir à bras le corps" / d(ó)wà "poser".

Réalisation :

Ce phonème est réalisé comme une consonne occlusive bilabiale orale sourde [p].

1.1.2. Phonème /f/

Identification :

f/p : voir phonème /p/.

f/v : (ó)fà "arête" / (é)và "pot"
jűfà "dérober" / júv(ún)à "laver"

f/mp : ófè "voleur" / òmpé(lè) "cou"

f/m : ófà "arête" / ómà "personne"
j(ú)fà "dérober" / j(ὲ)mà "réveiller"

f/w : (ò)fúlù "biceps" / wúlù "ordures"
júfà "dérober" / júwà "mourir"

f/t : (ó)fà "arête"/ (í)tà "paquet"
(j)úfà "dérober" / (b)útà "chercher"

Réalisation :

Ce phonème est réalisé comme une consonne fricative labio-dentale orale sourde [f].

1.1.3. Phonème /t/

Identification :

t/f : voir phonème /f/.

t/d : (í)tà "paquet" / (ódà) "vieille plantation"
b(ú)tà "chercher" / b(ó)d(w)à "être rongé"

t/nt : (ò)tó(nd)ò "panier" / ntó(n)ò "poitrine"

t/n : ítà "paquet" / ínà "nom"
(ìt)ítà "bouton" / (nt)ínà "base"

t/l : òtónd(ò) "panier" / òlónd(à) "colline", "fruit"
kótà "tenir" / kólà "acheter"

t/r : ítà "paquet" / írà "fesse"
kótà "tenir" / kórà "attacher"

t/s : tómà "envoyer" / sóm(ín)à "descendre"
kátà "ravager" / (ì)kásà "pont", "marché"

Réalisation :

Ce phonème est réalisé comme une consonne occlusive apico-alvéolaire orale sourde [t].

1.1.4. Phonème /s/

Identification :

s/t : voir phonème /t/

s/z : ìsɔ́gò "rameaux" / ìzɔ́gɔ̀ "volubilité"
ìkásà "pont", "marché" / ìkázà *"Strychnos icaja"*

s/nç : (ò)sáŋg(è) "haricot" / ncáŋg(ò) "nouvelle"

s/ɲ : (ò)sáŋgè "haricot" / ŋáŋgè "aigrette pique-boeuf"

s/l : sás(w)à "déchiqueter" / (í)làsà "orange"
(ìk)ásà "pont", "marché"/ (ŋk)álà "village"

s/r : só(mínà) "descendre" / (ò)ró(yì) "oreille"
kós(ún)à "frotter" / kórà "lier"

s/c : swá(kà) "couteau" / cwà "vite"

Réalisation :

Ce phonème est réalisé comme une consonne fricative apico- ou pré-dorso-alvéolaire (selon les individus) orale sourde [s].

1.1.5. Phonème /c/

Identification :

L'identité de ce phonème rare ressort d'un rapprochement indiqué ci-dessus à propos de /s/ et de ceux qui suivent :

c/k : cwà "vite" / kwà "tomber"

c/j : cwà "vite" / j(ú)wà "mourir"

Le corpus produit par les enquêtes dans l'ensemble des parlers myɛnɛ ne comporte pas d'autre exemple que celui utilisé dans ces rapprochements . WALKER (*op. cit.*) énumère un certain nombre de termes attestant ce phonème en Mp., ce qui a été vérifié pour cette langue mais n'a pu encore l'être pour les autres. Il s'agit dans la plupart des cas d'idéophones ; on ne relève que deux substantifs, qui sont càcɔ́pù "corossol(ier)" et cɔ̀cɔ̀rìcɔ́rì "passereau"(fauvette ?)", ce dernier semblant onomatopéique. Utilisant ces données du Mp., on peut ainsi préciser l'identité phonologique de /c/ :

c/ŋg : cà(cɔ́pù) "corossol(ier)" / (è)ŋgá(ŋgà) "rangée".

c/ŋ : cà(cɔ́pù) "corossol(ier)" / ŋá(ŋgà) "féticheur"

c/y : cà(cɔ́pù) "corossolier" / (ì)yá(mbà) "fruit (*Pentadesma butyracea*)"

Réalisation :

Le phonème /c/ est réalisé comme une consonne affriquée prédorso-prépalatale orale sourde [c].

1.1.6. Phonème /k/

Identification :

k/c : voir phonème /c/.

k/g : (í)kɔ̀ "teigne" / (ó)gɔ̀ "main"
(ì)kákà "paume" / (è)kágà "crabe de terre"

k/ŋk : (ì)kázà "*Strychnos icaja*" / ŋkázà "souffrance"

k/ŋ : (ì)kɔ́ndɔ̀ "banane à cuire" /ŋɔ́ndɔ̀ "courge"

k/y : òkíl(ì) "chemin" / òyíl(à) "palmier *Elaeis*"

Réalisation :

Ce phonème est réalisé comme une consonne occlusive dorso-vélaire orale sourde [k], plus ou moins profonde selon le point d'articulation de la voyelle ou semi-voyelle qui suit.

1.1.7. Phonème /b/

Identification :

b/p : voir phonème /p/.

b/mb : (í)bà "mangue" / mbà "maïs"
síbà "calmer" / símbà "s'arrêter"

b/m : óbàndà "peau" / òmándà "jour"
síbà "calmer" / símà "empêcher"

b/w : èbó(ŋg)ò "siège" / èwó(nj)ò "tête"
síbà "calmer" / síwà "battre"

b/v : (í)bà "mangue" / (é)và "pot"
è(k)ábà "vêtement flottant" / è(t)ávà "natte de couchage"

Réalisation :

Ce phonème est réalisé comme une consonne occlusive bilabiale injective orale sonore [ɓ]

1.1.8. Phonème /v/

Identification :

v/f : voir phonème /f/.

v/mb : (é)và "pot" / mbà "maïs"
júvúnà "laver" / júmbúnà "cacher"

v/m : (é)và "pot" / (ó)mà "personne"
tóvà "vomir" / tómà "envoyer"

v/w : ìvɛ́nɛ̀ "pénurie" / ìwɛ́nɛ̀ "sein"
(òv)ɔ́vì "messager"/ (ìg)ɔ́wì "guerre"

v/d : (é)và "pot" / (ó)dà "vieille plantation".

Réalisation :

Ce phonème est réalisé comme une consonne fricative bilabiale orale sonore [β]. En Mp., on a relevé également une réalisation fricative sonore labio-dentale orale sonore [v] comme variante individuelle.

1.1.9. Phonème /d/

Identification :

d/t : voir phonème /t/

d/v : voir phonème /v/

d/nd : (è)dɔ́kɔ̀ "chancre syphilitique" / ndɔ́kɔ̀ "occiput"
bód(w)à "être rongé" / bóndà "faire des projets"

d/n : ódà "vieille plantation" / ónà "bassin (*anat.*)"
bód(w)à "être rongé" / bónà "renverser"

d/l : (ó)dà "vieille plantation" / (í)là(sà) "orange"
bód(w)à "être rongé " / bólà "battre"

d/r : (ó)dà "vieille plantation" / (í)rà "fesse"
b(ó)d(w)à "être rongé" / b(ɔ́)rà "revêtir"

d/z : ódò "lit" / ózò "figure"
b(ó)d(w)à "être rongé"/ b(á)zà "découper"

Réalisation :

Ce phonème est réalisé comme une consonne occlusive apico-alvéolaire injective orale sonore [ɗ].

1.1.10 Phonème /z/

Identification :

z/s : voir phonème /s/

z/d : voir phonème /d/

z/nj : (ò)z(ó)n(è) "chair" / nj(á)n(à) "faim"
píza "tourner" / pínjà "choisir"

z/ɲ : (ò)z(ó)n(è) "chair" / ɲ(ɔ́)n(ì) "oiseau"
(nc)óz(ò) "pied" / (t)óɲ(à) "cracher"

z/l : òzó(nè) "chair" / òló(ndà) "colline", "fruit"
ŋkázà "douleur" / ŋkálà "village"

z/r : ózɔ̀ "pipe" / órɔ̀ "rosée" ,
p(y)ézà "brûler" / pérà "se perdre"

z/g : ózɔ̀ "pipe" / ógɔ̀ "main"
(ì)kázà "*Strychnos icaja*" / (è)kágà "crabe de terre"

Réalisation :

Ce phonème est réalisé comme une consonne occlusive apico- ou prédorso-alvéolaire (selon les individus) orale sonore [z].

1.1.11. Phonème /j/

Identification :

L'identification de deux phonèmes /c/ (voir ce phonème plus haut) et /j/ rencontre quelques difficultés du fait de :

1° la rareté de /c/ pour l'opposition c/j ;

2° la réalisation qui est à la source de l'hypothèse d'un phonème /j/ en myɛnɛ.

Dans l'ensemble du faisceau myɛnɛ on relève en effet un nombre élevé de lexèmes (lexèmes nomino-verbaux principalement) dans lesquels est attestée, selon la langue ou en variante libre ou individuelle :

1° une réalisation consonantique affriquée apico-alvéolaire orale sonore [j](A.) ;

2° une réalisation consonantique affriquée dorso-palatale orale sonore [ɟ] (Mp. et également A., où cette réalisation alterne avec la première), plus ou moins profonde selon le point d'articulation de la voyelle qui suit;

3° une réalisation consonantique occlusive prédorso-alvéolaire injective orale sonore [ɗʸ] (consonne "mouillée") ;

4° une réalisation consonantique occlusive apico-alvéolaire injective orale sonore [ɗ] suivie d'une réalisation semi-vocalique prépalatale [y] (Or., Nk., G.).

Exemples :[jínà], [ɟínà], [ɗʸínà], [ɗyínà] "danser"
[jénà], [ɟénà], [ɗʸénà], [ɗyénà] "voir"
[júfà], [ɟúfà], [ɗʸúfà], [ɗyúfà] 'mourir"

La rareté de /c/ ne permet pas de trouver de paires minimales nom-nombreuses (*cf.* 1.1.5.) pour l'opposition c/j mais les rapprochements opposant j/ et /g/, /j/ et /ŋg/, /j/ et /ŋ/, /j/ et /y/ ne sont pas rares et permettent de préciser l'identité de /j/.

j/g : jómb(à) "se marier" / (è)gómb(è) "époque"

j/ŋg : jɔ́ŋg(à) "boire" / (ò)ŋgɔ́ŋg(ɔ̀) "arc musical"

j/ŋ : jómbà "se marier" / ŋómbà "porc-épic"

j/y : jílà "disparaître" / (ò)yílà "palmier *Elaeis*"

Cette situation semble indiquer un processus d'élimination en cours de deux phonèmes, les phonèmes /c/ et /j/, qui forment une opposition bilatérale privative de rendement quasiment nul : les réalisations de /j/ montrent que ce phonème est attiré par le phonème /d/ mais l'état de langue actuel justifie l'identification des deux phonèmes /c/ et /j/.

1.1.12. Phonème /g/

Identification :

g/j : voir phonème /j/

g/k : voir phonème /k/

g/ŋg : (ì)gɔ́ŋg(à) "lance" / (ò)ŋgɔ́ŋg(ɔ̀) "arc musical"
(à)nágà "personnes" / (ì)náŋgà "clair de lune"

g/ŋ : (è)gómb(è) "époque" / ŋómb(à) "porc-épic"

g/y : (ó)gɔ̀ "main" / (ì)yɔ́(gɔ̀) "grelot"

Réalisation :

Ce phonème est réalisé le plus souvent comme une consonne fricative dorso-vélaire orale sonore [ɣ], plus ou moins profonde selon le point d'articulation de la voyelle ou semi-voyelle qui suit. Une réalisation occlusive [g], identique quant aux autres traits articulatoires, est également attestée comme variante libre ou variante individuelle.

1.1.13. Phonème /mp/

Identification :

mp/p : voir phonème /p/

mp/f : voir phonème /f/

mp/mb : àmpú(và) "genoux" / àmbú(mù) "ventres"

mp/m : òmpén(è) "manche" / (òmén(ò) "doigt"

mp/w : (à)mpár(ì) "branches" / (ò)wár(ò) "pirogue"

mp/nt : mpó(g)ò "rat" / ntó(n)ò "poitrine"

Réalisation :

Ce phonème est réalisé comme une consonne occlusive bilabiale mi-nasale mi-orale sourde [mp], dont la partie nasale est peu sensible à l'initiale absolue.

1.1.14. Phonème /nt/

Identification :

nt/t : voir phonème /t/

nt/mp : voir phonème /mp/

nt/nd : ntɔ́kɔ̀ "chapeau" / ndɔ́kɔ̀ "occiput"

nt/n : ntɔ́(kɔ̀) "chapeau" / (í)nɔ̀ "dent"

nt/l : ntí(n)à "base" /(è)lí(w)à "lac"

nt/r : ntínà "base" / (ì)rínà "touffe"

nt/nc : ntínà "base" / ncínà "sang"

Réalisation :

Ce phonème est réalisé comme une consonne occlusive apico-alvéolaire mi-nasale mi-orale sourde [nt], dont la partie nasale est peu sensible à l'initiale absolue.

1.1.15. Phonème /nc/

Identification :

nc/s : voir phonème /s/

nc/nt : voir phonème /nt/

nc/nj : ncínà "sang" / njínà "gorille"

nc/ɲ : ncánd(ì) "enfant né coiffé" / ɲánd(à) "petite pirogue"

nc/l : ncí(n)à "sang" / (è)lí(w)à "lac"

nc/ŋk : nćá(g)à "plantation" / ŋká(l)à "village"

Réalisation :

Ce phonème est réalisé comme une consonne affriquée apico- ou prédorso-alvéolaire (A., Mp.), ou prédorso-prépalatale (G., Nk., Or.), mi-nasale mi-orale sourde [nc], dont la partie nasale est peu sensible à l'initiale absolue et dont la tenue, mi-nasale mi-orale dans sa partie occlusive, est orale dans sa partie fricative.

1.1.16. Phonème /ŋk/

Identification :

ŋk/k : voir phonème /k/

ŋk/nc : voir phonème /nc/

ŋk/ŋg : ŋkɔ́mà "pleine lune" / ŋgɔ́mà "tambour"

ŋk/ŋ : ŋkɔ́mb(è) "soleil" / ŋɔ́mb(ὲ) "varan"

ŋk/y : ŋkó(l)ò "soir" / (ò)yó(g)ò "honnêteté"

Réalisation :

Ce phonème est réalisé comme une consonne occlusive dorso-vélaire mi-nasale mi-orale sourde [ŋk], plus ou moins profonde selon le point d'articulation de la voyelle ou semi-voyelle qui suit, et dont la partie nasale est peu sensible à l'initiale absolue.

1.1.17. Phonème /mb/

Identification :

mb/b : voir phonème /b/

mb/v : voir phonème /v/

mb/mp : voir phonème /mp/

mb/m : mbámbà "descendant" / (ò)mánbà "serpent"
túmbà "creuser" / túmà "coudre"

mb/w : mb(é)n(è) "étendue d'eau" / (ì)w(έ)n(ὲ) "sein"
túmbà "creuser" / túwà "tomber"

mb/nd : mbò "moustique" / ndó "mais"
mbámbà "descendant" / (ò)mbándà "sifflet"

Réalisation :

Ce phonème est réalisé comme une consonne occlusive bilabiale mi-nasale mi-orale sonore [mb].

1.1.18. Phonème /nd/

Identification :

nd/d : voir phonème /d/

nd/nt : voir phonème /nt/

nd/mb : voir phonème /mb/

nd/n : ndɔ́(kɔ̀)"occiput" / (í)nɔ̀ "dent"
bɔ́ndà "mûrir" / bɔ́nà"pourrir"

nd/l : ndɔ́(k)ɔ̀ "occiput" / (ì)lɔ́(v)ɔ́ "hameçon"
òmpéndè "mollet" / òmpélè "cou"

nd/r : ndɔ́(kɔ̀)"occiput" / (ó)rɔ̀ "rosée"
bɔ́ndà "mûrir" / bɔ́rà "revêtir"

nd/nj : ndínà "*Dialium sp.*" / njínà "gorille"
(ò)mbándà "sifflet" / mbánjà "case commune"

Réalisation :

Ce phonème est réalisé comme une consonne occlusive apico-alvéolaire mi-nasale mi-orale sonore [nd].

1.1.19. Phonème /nj/

Identification :

nj/z : voir phonème /z/

nj/nc : voir phonème /nc/

nj/nd : voir phonème /nd/

nj/ɲ : njá(n)à "faim" / ɲá(nd)à "petite pirogue"

nj/l : njá(n)à "faim" / (í)là(s)à "orange"
mbánjà "case commune" / mbálà "grosse igname"

nj/r : njá(nà) "faim" / (í)rà "fesse"
p(í)njà "choisir" / p(é)rà "fuir"

nj/ŋg : njánà "faim" / (è)ŋgánà "crâne"
núnjà "fermer" / núŋgà "allumer"

Réalisation :

Ce phonème est réalisé comme une consonne affriquée apico- ou prédorso-alvéolaire, ou prédorso-prépalatale (G., Nk., Or.) mi-nasale mi-orale sonore [nj], dont la tenue est mi-nasale mi-orale dans sa partie occlusive, orale dans sa partie fricative.

1.1.20. Phonème /ŋg/

Identification :

ŋg/j : voir phonème /j/

ŋg/g : voir phonème /g/

ŋg/ŋk : voir phonème /ŋk/

ŋg/nj : voir phonème /nj/

ŋg/ŋ : (è)ŋgá(n)à "crâne" / ŋá(nj)à "salle principale d'une case"

ŋg/y : (è)ŋgá(n)à "crâne" / (ì)yá(mb)à "fruit (*Pentadesma butyracea*)"

Réalisation :

Ce phonème est réalisé comme une consonne occlusive dorso-vélaire mi-nasale mi-orale sonore [ŋg], plus ou moins profonde selon le point d'articulation de la voyelle ou semi-voyelle qui suit.

1.1.21. Phonème /m/

Identification :

m/p : voir phonème /p/

m/b : voir phonème /b/

m/f : voir phonème /f/

m/v : voir phonème /v/

m/mp : voir phonème /mp/

m/mb : voir phonème /mb/

m/w : ómà "personne" / òwá(rò) "pirogue"
ògúmà "manioc" / ògúwà "forgeron"

m/n : òmámbà "serpent" / ònámbà "pagne"
pómà "croître" / pónà "surveiller"

Réalisation :

Ce phonème est réalisé comme une consonne occlusive bilabiale nasale généralement sonore [m], à occlusion buccale peu appuyée.

1.1.22. Phonème /n/

Identification :

n/t : voir phonème /t/

n/d : voir phonème /d/

n/nt : voir phonème /nt/

n/nd : voir phonème /nd/

n/m : voir phonème /m/

n/l : ònámbà "pagne" / òlámbà "affaire"
bónà "verser" / bólà "frapper"

n/r : (í)nɔ̀ "dent" / (ó)rɔ̀ "rosée"
bɔ́nà "pourrir" / bɔ́rà "revêtir"

n/ɲ : (ì)náŋgà "clair de lune" / ɲáŋgà "rouille"

Réalisation :

Ce phonème est réalisé comme une consonne occlusive apico-alvéolaire nasale [n], généralement sonore, sauf devant /y/, la sucession /ny/ se trouvant réalisée comme une consonne mi-occlusive prédorso-alvéolaire nasale [ɲ] (nasale "mouillée"), ex. [ɓɔ́ŋgíɲà] "ramasser", bɔ́ŋgínyà. L'occlusion buccale est peu appuyée.

1.1.23. Phonème /ɲ/

Identification :

ɲ/s : voir phonème /s/

ɲ/z : voir phonème /z/

ɲ/nc : voir phonème /nc/

ɲ/nj : voir phonème /nj/

ɲ/n : voir phonème /n/

ɲ/l : ɲɔ́ndɔ̀ "oignon" / (ì)lɔ́ndɔ̀ "crabe"

ɲ/r : ɲɔ́ndɔ̀ "oignon" / (ì)rɔ́(yì) "sol"

ŋ/ɲ : ɲɔ́ndɔ̀ "oignon" / ŋɔ́ndɔ̀ "courge"

Réalisation :

Ce phonème est réalisé comme une consonne mi-occlusive apico- ou prédorso-alvéolaire nasale (nasale "mouillée") [ɲ] généralement sonore à occlusion buccale peu appuyée.

1.1.24. Phonème /ŋ/

Identification :

ŋ/c : voir phonème /c/

ŋ/j : voir phonème /j/

ŋ/k : voir phonème /k/

ŋ/g : voir phonème /g/

ŋ/ŋk : voir phonème /ŋk/

ŋ/ŋg : voir phonème /ŋg/

ɲ/ŋ : voir phonème /ɲ/

ŋ/y : ŋá(ndò) "crocodile" / (ì)yá(mbà) "fruit *(Pentadesma butyracea)*"

Réalisation :

Ce phonème est réalisé comme une consonne occlusive dorso-vélaire nasale [ŋ] généralement sonore, plus ou moins profonde selon le point d'articulation de la voyelle ou semi-voyelle qui suit. L'occlusion buccale est peu appuyée.

1.1.25. Phonème /l/

Identification :

l/t : voir phonème /t/

l/d : voir phonème /d/

l/nt : voir phonème /nt/

l/nd : voir phonème /nd/

l/n : voir phonème /n/

l/s : voir phonème /s/

l/z : voir phonème /z/

l/nc : voir phonème /nc/

l/nj : voir phonème /nj/

l/ɲ : voir phonème /ɲ/

l/r : (ì)lɔ́ndɔ̀ "crabe" / (ò)rɔ́ndɔ̀ "poutre faîtière" ;
kólà "acheter" / kórà "attacher".

Réalisation :

Ce phonème est réalisé comme une consonne latérale apico-alvéolaire généralement sonore [l].

1.1.26. Phonème /r/

Identification

r/t : voir phonème /t/

r/d : voir phonème /d/

r/nt : voir phonème /nt/

r/nd : voir phonème /nd/

r/n : voir phonème /n/

r/s : voir phonème /s/

r/z : voir phonème /z/

r/nc : voir phonème /nc/

r/nj : voir phonème /n/

r/ɲ : voir phonème /ɲ/

r/l : voir phonème /l/

Réalisation :

Ce phonème est réalisé comme une consonne vibrante simple apico-alvéolaire généralement sonore [r].

1.1.27. Phonème /w/

Identification :

w/p : voir phonème /p/

w/b : voir phonème /b/

w/f : voir phonème /f/

w/v : voir phonème /v/

w/mp : voir phonème /mp/

w/mb : voir phonème /mb/

w/m : voir phonème /m/

w/y : owá(rò) "pirogue" / òyá(mbà) "*Pentadesma butyracea*"
(ìg)ɔ́wì "guerre" / (ìr)ɔ́yì "sol"
mbwà "chien" / mbyà "bonté"

Réalisation :

Ce phonème est réalisé comme une semi-voyelle bilabio-vélaire [w] devant voyelle postérieure et voyelle neutre, bilabio-palatale [ẅ] devant voyelle antérieure et /y/.

1.1.28. Phonème /y/

Identification :

y/c : voir phonème /c/

y/j : voir phonème /j/

y/k : voir phonème /k/

y/g : voir phonème /g/

y/ŋk : voir phonème /ŋk/

y/ŋg : voir phonème /ŋg/

y/w : voir phonème /w/

Réalisation :

Ce phonème est réalisé comme une semi-voyelle prédorso-prépalatale [y] ou bien est coarticulé avec /n/ précédent en une articulation consonantique prédorso-alvéolaire nasale [ɲ] (voir phonème /n/).

1.1.29. Phonème /w̃/ en Mp

La langue Mp. atteste un système consonantique de vingt-neuf unités, soit vingt-sept consonnes et deux semi-voyelles. Aux phonèmes identifiés ci-dessus s'ajoute un phonème /w̃/, pour l'identification duquel le corpus rassemblé en Mp. fournit de nombreuses paires minimales.

Identification :

w̃/f : òw̃á(ŋgà) "noyau" / ófà "arête"
j(ó)w̃à "sécher" / j(ú)fà "dérober"

w̃/v : òw̃ond(ò) "bord" / òvond(à) "*Hexalobus crispiflorus*"
ɲúw̃à "dos" / ɲúvà "petite perle"

w̃/mp : òw̃óndò "bord" / òmpóndò "célibataire"

w̃/mb : (è)w̃ɔ́gù "ruche" / mbɔ́gù "chassie"
ìgúw̃à "tressage" / ìgúmbà "cargaison".

w̃/w : òw̃áŋgà "noyau" / òwáŋgà "ligne horizontale"
ìgúw̃à "tressage" / ìgúwà "forge".

w̃/m : (ò)w̃éŋg(ò) "banane séparée du régime" / (ì)méŋg(à) "colocase des marais"

(è)kúw̃ù "souche" / kúmù "propriétaire d'esclaves"

w̃/n : (è)w̃énɔ̀ "vie" / nɛ́nɔ̀ "aujourd'hui"

kɛ́w̃à "récolter le vin de palme" / kɛ́nà "s'alimenter"

Réalisation :

Ce phonème est réalisé comme une consonne fricative bilabiale nasale [w̃]. Il arrive (variante individuelle) que devant la semi-voyelle /w/ il soit réalisé comme une occlusive dorso-vélaire nasale [ŋ], à occlusion buccale peu appuyée.

GUTHRIE (*op. cit.*) signale la présence dans l'ensemble des parlers myɛnɛ de trois nasales fricatives en ces termes :

"some unusual nasal sounds occur in these dialects, for example there is an alveolar nasal sound, written n̲, which is distinct from simple n, e.g. -n̲wan̲- "wear a loin cloth", -n̲wan- "buy on credit". There are three such nasal sounds, m̲, n̲, and n̲y̲, and their distinctive quality is that the oral closure is not quite complete, while in 11a[6] m̲ the lips are also slightly rounded."

Malgré des recherches systématiques en ce sens, je n'ai trouvé aucune paire minimale justifiant une opposition occlusive/fricative dans le cas des deux articulations nasales apico-alvéolaire et prédorso-prépalatale, et le phonème /w̃/ identifié ci-dessus n'est attesté qu'en Mp., comme cela é été justement reconnu par WALKER (*op. cit.*). En réalité, les deux lexèmes cités en exemple par GUTHRIE sont homophones. Il convient de rappeler ici ce qui a été signalé à propos de la réalisation de /m/, /n/, /ɲ/ et /ŋ/, à savoir que l'occlusion buccale en est peu ferme, et ce dans tous les parlers myɛnɛ.

1.2. *Voyelles*

Le système vocalique myɛnɛ comprend sept unités. L'identification de ces unités telle qu'elle est présentée ici est basée sur des données du parler A.

Les voyelles sont identifiées devant consonne et en finale dans le lexème.

Toutes les voyelles ont en Mp. une réalisation fortement nasalisée devant et après /w̃/. Dans tous les parlers, elles ont une réalisation plus longue sous l'accent qu'en position inaccentuée (*cf.* 3.2).

---

6 C'est-à-dire en Mp.

1.2.1. Phonème /i/

Identification :

i/e : jínà "danser" / jénà "voir"
(á)tì "excréments" / (ó)tè "nervures de palme"

i/u : jí(v)à "cueillir" / jú(f)à "dérober"
(í)pì "pangolin" / (ó)pù "blancheur"

Réalisation :

Ce phonème est réalisé comme une voyelle antérieure fermée non-arrondie [i].

1.2.2. Phonème /e/

Identification :

e/i : voir phonème /i/

e/ɛ : déw(ín)à "désirer" / déwà "se coucher"
íkè "oeuf" / íkɛ̀ "(le) rire"

e/o : jénà "voir" / jónà "casser"
(í)kè "oeuf" / (ó)kò "citronnelle"

Réalisation :

Ce phonème est réalisé comme une voyelle antérieure mi-fermée non-arrondie [e].

1.2.3. Phonème /ɛ/

Identification :

ɛ/e : voir phonème /e/

ɛ/a : nɛ́mbà "lécher" / námbà "faire cuire"
(í)kɛ̀ "(le) rire" / (á)kà "sève"

ɛ/ɔ : ŋkɛ́mà "singe" / ŋkɔ́mà "pleine lune"
íkɛ̀ "(le) rire" / íkɔ̀ "teigne"

Réalisation :

Ce phonème est réalisé comme une voyelle antérieure mi-ouverte non-arrondie [ɛ].

1.2.4. Phonème /u/

Identification :

u/i : voir phonème /i/

u/o : núgà "pagayer"/ nógà "construire"
ókù "débris de noix de palme" / ókò "citronnelle"

Réalisation :

Ce phonème est réalisé comme une voyelle postérieure fermée arrondie [u].

1.2.5. Phonème /o/

Identitication :

o/e : voir phonème /e/.

o/u : voir phonème /u/.

o/ɔ : (ò)róyì "oreille" / (ì)rɔ́yì "sol" ;
ózò "figure" / ózɔ̀ "pipe"

Réalisation :

Ce phonème est réalisé comme une voyelle postérieure mi-fermée arrondie [o].

1.2.6. Phonème /ɔ/

Identification :

ɔ/ɛ : voir phonème /ɛ/

ɔ/o : voir phonème /o/

ɔ/a ŋkɔ́mà "pleine lune" / ŋkámà "cent"
ógɔ̀ "main" / ógà "chef"

Réalisation :

Ce phonème est réalisé comme une voyelle postérieure mi-ouverte arrondie [ɔ].

1.2.7. Phonème /a/

Identification :

a/ɛ : voir phonème /ɛ/

a/ɔ : voir phonème /ɔ/

Réalisation :

Ce phonème est réalisé comme une voyelle ouverte, neutre quant au point d'articulation et à la protrusion des lèvres [a].

1.2.8. Voyelles en contact

Dans la chaîne parlée et en élocution normale il y a, à la finale du mot (signe linguistique définissable en termes de phonèmes et de tons ou par la combinaison d'une partie segmentale avec un schème suprasegmental qui est un signifiant) et compte tenu du vocalisme initial (/i/, /e/, /o/, /a/) et final (toutes les voyelles du système) des mots isolés, élision de :

1° voyelle antérieure devant voyelle identique (/e/ devant /e/) ou voyelle antérieure de moindre aperture (/ɛ/ devant /e/ et /i/ ; /e/ devant /i/), et devant voyelle postérieure de même ou moindre aperture (/e/, /ɛ/ devant /o/) ;

2° voyelle postérieure devant voyelle identique (/o/ devant /o/) ou voyelle de moindre aperture (/ɔ/ devant /e/, /o/ et /i/ ; /o/ devant /i/) ;

3° /a/ devant voyelle quelconque, initiale du mot qui suit.

Dans le cas de voyelle antérieure suivie de voyelle de plus grande aperture, cette voyelle finale est réalisée semi-vocaliquement comme [y] (prépalatale).

Dans le cas de voyelle postérieure suivie de voyelle de plus grande aperture, cette voyelle finale est réalisée semi-vocaliquement comme [w] (bilabio-vélaire) devant voyelle postérieure et /a/, comme [ẅ] (bilabio-palatale) devant voyelle antérieure.

2. Les oppositions de phonèmes

2.1. *Consonnes*

2.1.1. Définition des consonnes

La présence en Mp. d'une consonne de plus que dans les autres parlers myɛnɛ amène à distinguer deux systèmes consonantiques, celui des parlers à vingt-huit unités (Type A : parlers autres que le Mp.) et celui à vingt-neuf unités (Type B : Mp.).

2.1.1.1. Type A

/p/ : labiale (p/t/k), occlusive (p/f), sourde (p/b), orale (p/mp/m).

/f/ : labiale (f/s/c), fricative (f/p), sourde (f/v), orale (f/mp/m).

/t/ : apicale (t/p/k), occlusive (t/s), sourde (t/d), orale (t/nt/n/l/r).

/s/ : apicale (s/f/c), fricative (s/t), sourde (s/z), orale (s/nc/ɲ/l/r).

/c/ : dorsale (c/f/s), fricative (c/k), sourde (c/j), orale (c/ŋk/ŋ).

/k/ : dorsale (k/p/t), occlusive (k/c), sourde (k/g), orale, (k/ŋk/ŋ).

/b/ : labiale (b/d/g), occlusive (b/v), sonore (b/p), orale (b/mb/m).

/v/ : labiale (v/z/j), fricative (v/b), sonore (v/f), orale (v/mb/m).

/d/ : apicale (d/b/g), occlusive (d/z), sonore (d/t), orale (d/nd/n/l/r).

/z/ : apicale (z/v/j), fricative (z/d), sonore (z/s), orale (z/nj/ɲ/l/r).

/j/ : dorsale (j/v/z), fricative (j/g), sonore (j/c), orale (j/ŋg/ŋ).

/g/ : dorsale (g/b/d), occlusive (g/j), sonore (g/k), orale (g/ŋg/ŋ).

/mp/ : labiale (mp/nt/nc/ŋk), sourde (mp/mb), mi-nasale (mp/p/f/m).

/nt/ : apicale (nt/mp/ŋk), occlusive (nt/nc), sourde (nt/nd), mi-nasale (nt/t/n/l/r).

/nc/ : apicale (nc/mp/ŋk), fricative (nc/nt), sourde (nc/nj), mi-nasale (nc/s/ɲ/l/r).

/ŋk/ : dorsale (ŋk/mp/nt/nc), sourde (ŋk/ŋg), mi-nasale (ŋk/k/ŋ).

/mb/ : labiale (mb/nd/nj/ŋg), sonore (mb/mp), mi-nasale (mb/b/v/m).

/nd/ : apicale (nd/mb/ŋg), occlusive (nd/nj), sonore (nd/nt), mi-nasale (nd /d/n/l/r).

/nj/ : apicale (nj/mb/ŋg), fricative (nj/nd),sonore (nj/nc), mi-nasale (nj/z/ɲ/l/r).

/ŋg/ : dorsale (ŋg/mb/nd/nj), sonore (ŋg/ŋk), mi-nasale (ŋg/g/ŋ).

/m/ : labiale (m/n/ɲ/ŋ), nasale (m/p/b/f/v/mp/mb).

/n/ : apicale (n/m/ŋ), occlusive (n/ɲ), nasale (n/t/d/nt/nd/l/r).

/ɲ/ : apicale (ɲ/m/ŋ), fricative (ɲ/n), nasale (ɲ/s/z/nc/nj/l/r).

/ŋ/ : dorsale (ŋ/m/n/ɲ), nasale (ŋ/c/j/k/g/ŋk/ŋg).

/l/ : latérale (l/p/f/t/s/c/k/b/v/d/z/j/g/mp/nt/nc/ŋk/mb/nd/nj ŋg/m/n/ɲ/ŋ/r).

/r/ : vibrante (r/p/f/t/s/c/k/b/v/d/z/j/g/mp/nt/nc/ŋk/mb/nd/nj/ ŋg/m/n/ɲ/ŋ/l).

/w/ : semi-voyelle labiale (w/y).

/y/ : semi voyelle dorsale (y/w).

2.1.1.2. Type B

Dans ce système, un certain nombre d'oppositions justifiant les définitions et certaines définitions sont modifiées comme conséquence de l'existence du phonème /w̃/. On aura ainsi, les autres définitions étant identiques à celles du système ci-dessus :

/f/ : labiale (f/s/c), fricative (f/p), sourde (f/v), orale (f/mp/w̃).

/v/ : labiale (v/z/j), fricative (v/b), sonore (v/f), orale (v/mb/w̃).

/m/ : labiale (m/n/ɲ/ŋ), occlusive (m/w̃), nasale (m/p/b/mp/mb).

/w̃/ : labiale (w̃/n/ɲ/ŋ), fricative (w̃/m), nasale (w̃/f/v/mp/mb).

/n/ : apicale (n/m/w̃/ŋ), occlusive (n/ɲ), nasale (n/t/d/nt/nd/l/r).

/ɲ/ : apicale (ɲ/m/w̃/ŋ), fricative (ɲ/n), nasale (ɲ/s/z/nc/nj/l/r).

/mp/ : labiale (mp/nt/nc/ŋk), sourde (mp/mb),
mi-nasale (mp/p/f/m/w̃).

/mb/ : labiale (mb/nd/nj/ŋg), sonore (mb/mp),
mi-nasale (mb/b/v/w̃).

2.1.2. Classement des consonnes

Les consonnes du myɛnɛ sont classées en neuf séries et trois ordres en fonction des traits articulatoires retenus comme pertinents. Le classement propre au Mp. de certains phonèmes est indiqué entre parenthèses.

Séries :

orale : /p/, /f/, /t/, /s/, /c/, /k/, /b/, /v/, /d/, /z/, /j/, /g/.

mi-nasale : /mp/, /nt/, /nc/, /ŋk/, /mb/, /nd/, /nj/, /ŋg/.

nasale : /m/, (/w̃/), /n/, /ɲ/, /ŋ/.

latérale : /l/.

vibrante : /r/.

sourde : /p/, /f/, /t/, /s/, /c/, /k/, /mp/, /nt/, /nc/, /ŋk/.

sonore : /b/, /v/, /d/, /z/, /j/, /g/, /mb/, /nd/, /nj/, /ŋg/.

occlusive : /p/, /b/, (/m/), /t/, /d/, /nt/, /nd/, /n/, /k/, /g/.

fricative : /f/, /v/, (/w̃/), /s/, /z/, /nc/, /nj/, /ɲ/, /c/, /j/.

Ordres :

labial : /p/, /b/, /f/, /v/, /mp/, /mb/, /m/, (/w̃/), /w/.

apical : /t/, /d/, /nt/, /nd/, /n/, /s/, /z/, /nc/, /nj/, /ɲ/,
/l/, /r/.

dorsal : /c/, /j/, /k/, /g/, /ŋk/, /ŋg/, /ŋ/, /y/.

La série sourde et la série sonore forment une corrélation de sonorité, la série orale occlusive et la série orale fricative une corrélation de plosion-friction.

Le classement des consonnes en séries et ordres permet d'établir les deux tableaux ci-dessous, pour le type A (A., E., G., Or., Nk.) et le type B (Mp.) respectivement.

		LABIALES		APICALES		DORSALES	
		occ.	fr.	occ.	fr.	occ.	fr.
ORALES	sourdes	p	f	t	s	c	k
	sonores	b	v	d	z	j	g
MI-NASALES	sourdes	mp		nt	nc	ŋk	
	sonores	mb		nd	nj	ŋg	
NASALES		m		n	ɲ	ŋ	
LATERALE				l			
VIBRANTE				r			
SEMI-VOYELLES		w				y	

Système consonantique : Type A.

		LABIALES		APICALES		DORSALES	
		occ.	fr.	occ.	fr.	fr.	occ.
ORALES	sourdes	p	f	t	s	c	k
	sonores	b	v	d	z	j	g
NASALES		m	w̃	n	ɲ	ŋ	
MI-NASALES	sourdes	mp		nt	c	ŋk	
	sonores	mb		nd	nj	ŋg	
LATERALE				l			
VIBRANTE				r			
SEMI-VOYELLES		w				y	

Système consonantique : Type B.

2.1.3. Neutralisation d'oppositions de consonnes

Une seule neutralisation a été observée jusqu'ici, celle de l'opposition m/n/ŋ devant consonne non-nasale, contexte dans lequel apparaît une nasale homorgane de cette consonne (même série articulatoire). L'archiphonème peut être défini comme une nasale /N/.

Exemples (A.) :	Npúŋgìnì (mpúŋgìnì)	"façon de lancer",
	Nbónìnì (mbónìnì)	"façon de verser",
	Nfáŋgìnì (mfáŋgìnì)	"façon de craindre",
	Ntómìnì (ntómìnì)	"façon d'envoyer",
	Ndúrìnì (ndúrìnì)	"façon de tirer",
	Nsóŋgìnì (nsóŋgìnì)	"façon de suivre",
	Nkámbìnì (ŋkámbìnì)	"façon de parler".

2.2. *Voyelles*

2.2.1. Définition des voyelles

/i/ : voyelle fermée (1er degré d'aperture) (i/e/ε/a), antérieure (i/u).

/u/ : voyelle fermée (1er degré d'aperture) (u/o/ɔ/a), postérieure (u/i).

/e/ : voyelle mi-fermée (2e degré d'aperture) (e/i/ε/a), antérieure (e/o).

/o/ : voyelle mi-fermée (2e degré d'aperture) (o/u/ɔ/a), postérieure (o/e).

/ε/ : voyelle mi-ouverte (3e degré d'aperture) (ε/i/e/a), antérieure (ε/ɔ).

/ɔ/ : voyelle mi-ouverte (3e degré d'aperture) (ɔ/u/o/a), postérieure (ɔ/ε).

/a/ : voyelle ouverte (4e degré d'aperture) (a/i/u/e/o/ε/ɔ), neutre quant au point d'articulation.

2.2.2. Classement des voyelles

Les voyelles du myεnε sont classées en trois séries et quatre ordres en fonction de leurs traits pertinents.

Séries :

antérieure : /i/, /e/, /ε/.

postérieure : /u/, /o/, /ɔ/.

neutre : /a/.

Ordres :

1er degré d'aperture : /i/, /u/.

2e degré d'aperture : /e/, /o/.

3e degré d'aperture : /ɛ/, /ɔ/.

4e degré d'aperture : /a/.

La série antérieure et la série postérieure forment une corrélation.

1er degré d'aperture : antérieure / postérieure

2e degré d'aperture : antérieure / postérieure

2e degré d'aperture : antérieure / postérieure

4e degré d'aperture

Le classement des voyelles en séries et ordres permet d'établir le tableau ci-dessous, qui représente le système vocalique myɛnɛ.

	antérieures	postérieures
1er degré	i	u
2e degré	e	o
3e degré	ɛ	ɔ
4e degré	a	

Système vocalique myɛnɛ.

2. Prosodie

3. Les parlers myɛnɛ sont caractérisés dans le domaine prosodique par l'existence d'un système de tons et par un accent.

3.1. *Les tons*

Le système tonal comprend deux registres, l'un bas ou normal, l'autre haut. Il s'agit de tons ponctuels.

L'identité phonologique de ces deux unités ressort des rapprochements suivants (exemple A.) :

èvágò zàjárúnò "le pot a été fendu"
èvágò zájàrùnò "le pot qui a été fendu".

3.2. *L'accent*

L'accent porte sur l'avant-dernière syllabe du mot (*cf.* 1.2.8.) et s'accompagne de l'allongement de la réalisation vocalique sommet de cette syllabe. En raison de l'élision ou de la réalisation semi-vocalique des voyelles finales dans la chaîne parlée (*cf.* 1.2.8), la place de l'accent n'est pas fixe dans le mot : tel mot dissyllabique en isolation et dans certains énoncés, et par conséquent avec accent sur la pénultième, peut être monosyllabique et sans accent dans d'autres contextes ; l'accent peut se déplacer dans un plurisyllabe selon que la voyelle finale est élidée (ou réalisée semi-vocaliquement) ou bien réalisée vocaliquement.

Exemples (A.) : ógà "chef" [.ó:ɣà] ;
àyɛ́ "pr. pers. 3e pers. sg." [.à:yɛ́] ;
óg(à) ày(ɛ́) é wìnɔ́ "le chef est celui-ci"
[óɣàyé.wì:nɔ́].

II. COMBINAISONS D'UNITÉS DISTINCTIVES

4. Les unités distinctives du myɛnɛ sont définies (exemples A.) :

1° en termes de phonèmes,

ex. **o** "voix passive" (morphème),
ag "habituel" (affixe),
kamb "procès de parler" (lexème) ;

2° en termes de tons,

ex. **ómà wájènò myɛ́** "la personne que j'ai vue" (litt. "la personne qui a été vue par moi"), avec un signifiant suprasegmental H-BB "mode relatif" (morphème) dans le verbe (H note le ton haut, B le ton bas, le tiret sépare le ton radical du ton préradical) ;

3° en termes de phonèmes et de tons,

ex. **myɛ́** "pr. pers. 1ère pers. sg.",
àwɛ́ "pr. pers. 2e pers. sg.",
àzwɛ́ "pr. pers. 1ère pers. sg.",
né "actualisateur" (morphèmes)

4° en termes de trait phonique segmental non-pertinent, phénomène qui sera étudié en détail dans la seconde partie,

ex. **kámbà** "parler", **k̲àmbá** "parle" ;
túmbà "creuser", **t̲ùmbá** "creuse" (signifiant, ou partie de signifiant d'un morphème, définissable comme la *lénition* de la consonne initiale du lexème et symbolisé par un tiret soulignant cette consonne).

1. Combinaisons de phonèmes

5. Le monème signifiant segmental (ou la partie segmentale du monème définissable en termes de phonèmes et de tons, ou la marque non-signivicative du système de classes nominales) est formé d'un seul ou de plusieurs phonèmes. La présentation des combinaisons relevées dans l'ensemble des parlers myɛnɛ sera suivie d'observations sur la distribution du phonème /w̃/ en Mp.

5.1. *Monèmes monophonématiques*

Le signifiant d'un monème monophonématique peut être :

1° une consonne,

ex. l'archiphonème nasal signifiant de l'affixe "circonstanciel", **Nkámbìnì** "façon de parler" (cf. **kámbà** "parler") ;

2° une voyelle,

ex. ɔ "possessif 2e pers. sg." (lexème),
o "voix passive" (morphème)

3° une semi-voyelle,

ex. **w** "modalité personnelle sujet 3e pers. pl." (morphème).

5.2. *Monèmes polyphonématiques*

Les divers types de combinaisons relevés sont les suivants (exemples A.) :

CV : **ínà** "nom", lexème **na**.

v^V : **we** "mauvais", variante lexicale.

Cv : **pwà** "se tarir", lexème **pw** ;
byà "venir", lexème **by**.

CvV : **ítwè** "cheveux", lexème **twe** ;
mbyà "bonté", lexème **mbya**.

vv^V : **wya** "bon", variante lexicale.

CVC : **kámbà** "parler", lexème **kamb**.

CVCV(CV) : **ònɛ́mɛ̀** "langue", lexème **nɛmɛ** ;
òrámbàkà "racine", lexème **rambaka**.

vVvV(CV) : **ìwɛ́wɛ̀nì** "cuisse", lexème **wɛwɛni** ;
ɲáwàlì "aisselle", lexème **ɲawali**.

CvVC : **dwánà** "rester", lexème **dwan** ;
pyágánà "passer", lexème **pyag**.

CvVCV : **ògwánà** "bouche", lexème **gwana**.

VC : **kámbágà** "parler habituellement", affixe **ag**.

VCV : **oŋwáŋgà** "fer", marque classificatoire **oŋw**, lexème **aŋga**.

Pour étudier ces diverses combinaisons, on distinguera la position initiale et la position finale dans le monème.

5.2.1. Initiale

L'initiale est :

1° une voyelle (V) ou une voyelle précédée de consonne (C) ou de semi-voyelle (v), avec une semi-voyelle éventuellement intercalée entre ces deux phonèmes (V, CV, vV, CvV, vvV) ; cette voyelle est l'une quelconque des unités du système vocalique, sauf après semi-voyelle précédée de consonne (CvV) ou de semi)voyelle (vvV) : la voyelle antérieure d'aperture minimale /i/ n'est pas attestée après /y/, non plus que la voyelle postérieure d'aperture minimale /u/ après /w/ ; la consonne peut être l'une quelconque des unités du système consonantique dans le morphème et le lexème autre que nomino-verbal, le lexème nomino-verbal attestant exclusivement les consonnes suivantes (ensemble des parlers) :

/p/	/f/	/t/	/s/		/k/
/b/		/d/		/j/	
/m/		/n/	/ɲ/		

Par rapport aux morphèmes et lexèmes non nominaux-verbaux, il manque donc à l'initiale du lexème nomino-verbal :

(a) la série mi-nasale,

(b) la latérale,

(c) la vibrante,

(d) les semi-voyelles,

(e) les fricatives orales sonores /v/ et /z/.

(f) la fricative dorsale sourde /c/,

(g) l'occlusive orale dorsale sonore /g/,

(h) la nasale dorsale /ŋ/,

(i) la nasale labiale fricative /w̃/ en Mp.

On observe que si /w/ initial peut être suivie de /y/, ex. **wya** variante du lexème "bon" (autres variantes **bya**, **mbya**), /y/ initial n'est pas suivi de /w/.

2° une semi-voyelle précédée de consonne (Cv), avec les restrictions indiquées ci-dessus dans le cas du lexème nomino-verbal quant à l'identité de la consonne. En fait, cette combinaision, relevée dans des monèmes biphonématiques, n'est pas d'une grande fréquence.

5.2.2. Finale

La finale du monène est :

1° la consonne ou semi-voyelle qui suit éventuellement l'initiale ;

2° le segment formé de cette consonne et d'une semi-voyelle ;

3° le segment formé de cette consonne et de la voyelle qui peut le suivre, une semi-voyelle se trouvant éventuellement intercalée ;

4° la succession de segments tels que le précédent.

La consonne finale peut être l'une quelconque des unités du système consonantique, mais l'occurrence des mi-nasales sourdes (pour lesquelles dans cette position le corpus actuel ne permet pas de rapprochements de quasi-homonymes), des phomènes /**f**/, /ɲ/, /**c**/, /**j**/, et /ŋ/ est rare (le phonème /ŋ/ n'a pas été relevé en finale de lexème).

La voyelle finale est l'une quelconque des unités du système vocalique, avec les mêmes restrictions qu'à l'initiale en ce qui concerne la voyelle suivant le phonème /**w**/ ou /**y**/ précédé de consonne.

5.2.3. Incompatibilité

Les incompatibilités éventuelles ont été recherchées en dépouillant l'abondante et phonologiquement fiable documentation lexicale de WALKER (*op. cit.*) sur le Mp.

Il n'a pas été noté d'incompatibilité entre voyelles. La distribution des consonnes à l'initiale et à la finale montre que de nombreuses combinaisons font défaut mais il s'agit le plus souvent de lacunes dans l'utilisation qui est faite par la langue des possibilités offertes par le système consonantique : en effet, cette multiplicité n'est que partiellement réductible à des cas systématiquement définissables en termes de traits pertinents.

Il semble donc y avoir incompatibilité entre :

1° labiale nasale occlusive /**m**/ initiale et :

(a) labiale orale occlusive sonore /**b**/;

(b) semi-voyelle labiale /**w**/

finale ;

2° labiale nasale fricative /**w̃**/ initiale et :

(a) labiale orale occlusive /**p**/ et /**b**/,

(b) labiale nasale occlusive /**m**/,

(c) labiale nasale fricative /**w̃**/,

(d) semi-voyelle labiale /**w**/

finale ;

3° semi-voyelle labiale /w/ initiale et labiale orale occlusive /p/ et /b/ finale ;

4° apicale orale occlusive sonore /d/ initiale et apicale orale fricative sonore /z/ finale ;

5° apicale orale fricative sonore /z/ initiale et :
(a) apicale orale occlusive sonore /d/,
(b) apicale orale fricative sourde /s/
finale ;

6° apicale mi-nasale occlusive /nt/, /nd/ initiale et :
(a) labiale occlusive /p/, /b/, /m/,
(b) apicale mi-nasale fricative /nc/, /nj/,
(c) apicale orale occlusive sonore /d/
finale ;

7° apicale mi-nasale fricative /nc/, /nj/, initiale et :
(a) apicale orale occlusive /t/, /d/,
(b) apicale orale fricative sourde /s/
finale ;

8° apicale nasale occlusive /n/ initiale et latérale /l/ finale ;

9° latérale initiale et :
(a) apicale nasale /n/, /ɲ/,
(b) apicale orale sonore /d/, /z/,
(c) labiale orale /p/, /b/, /f/, /v/,
(d) semi-voyelle dorsale /y/
finale ;

10° vibrante initiale et :
(a) labiale orale occlusive /p/, /b/,
(b) apicale orale fricative sonore /z/
finale ;

11° dorsale orale fricative sonore /j/ initiale et :
(a) apicale orale occlusive /t/, /d/,
(b) semi-voyelle dorsale /y/
finale ;

12° dorsale orale occlusive sonore /g/ initiale et :
(a) labiale orale occlusive /p/, /b/,
(b) dorsale orale occlusive sourde /k/
finale ;

13° dorsale mi-nasale sonore /ŋg/ initiale et :
(a) apicale orale occlusive /t/, /d/,

(b) labiale orale fricative /f/, /v/
finale ;

14° semi-voyelle dorsale /y/ initiale et :

(a) apicale orale /t/, /s/, /d/, /z/,

(b) labiale orale occlusive /p/, /b/
finale.

La dorsale nasale /ŋ/ initiale est suivie en finale de mi-nasale sonore /mb/, /nd/, /nj/, /ŋg/ et d'apicale nasale occlusive /n/ seulement, combinaison qui paraît phonologiquement caractéristique.

5.3. *Distribution du phonème w̃ en Mp.*

Le phonème /w̃/, propre au Mp. est attesté :

1° à l'initiale du monème, à l'exclusion du lexème nomino-verbal,

2° à la finale du monème.

Au /w̃/ du Mp. correspondent, dans le contenu phonématique des monèmes génétiquement apparentés communs à l'ensemble des parlers :

1° le phonème /m/ dans le lexème pour tous les autres parlers,

exemples :	"doigt"	òw̃énò (Mp.)	òménò (autres parlers)
	"serpent"	òw̃ámbà	òmámbà
	"chose"	èzɔ́w̃á	èzɔ́mà
	"envoyer"	tɔ́w̃à	tɔ́mà

2° le phonème /m/ ou le phonème /ŋ/ selon les parlers, dans les marques classificatoires,

exemple : òw̃wɛ́yì (Mp.))
òmwɛ́yì (G.)) "chaleur" (lexème ɛyi)
òŋwɛ́yì (A., Or., Nk.))

2. Combinaisons de tons

6. Le schème tonal (monème définissable en termes de tons, partie suprasegmentale d'un monème définissable en termes de phonèmes et de tons) caratérisant le segment phonique défini comme *mot* compte autant d'unités distinctives suprasegmentales que la partie segmentale du mot compte de réalisation vocaliques.

Il est nécessaire de distinguer dans le schème tonal du mot complexe (combinaison de plusieurs monèmes successifs) entre ton préradical et ton radical, le radical étant la partie segmentale qui commence avec le lexème, ou formée du lexème. Le schème tonal est défini par la succession des registres dans l'ordre progressif à partir de la première voyelle radicale, et dans l'ordre régressif éventuellement à partir de la première voyelle préradicale ; il peut être représenté par une formule où B note le ton bas ou normal, H le ton haut, et où un tiret sépare le ton préradical du ton radical, les tons virtuels (c'est-à-dire ceux qui complètent éventuellement en fonction de la structure syllabique minimale) étant placés entre parenthèses.

Exemples (A.) : **kólà** "acheter", schème HB,
kólízà "vendre", schème HHB,
bíndákánà "mélanger", schème HHHB : schème de base H(H..)B ;
zwèkólà "nous sommes en train d'acheter", schème B-HB,
zwèkólàgà "nous avons l'habitude d'acheter", schème B-HBB, schème de base B-H(B..)B.

Le schème tonal le plus simple comporte un seul ton, haut ou bas,

Exemples : ɲà "manger", schème tonal B,
myɛ́ "pr. pers. lere pers. sg.", schème tonal H.

Dans **zwèbíndàkànàgà** "nous avons l'habitude de mélanger", nous relevons un ton préradical et cinq tons radicaux, schème tonal B-HBBBB (exemples A.).

Dans l'état actuel des recherches, aucune incompatibilité entre registres successifs n'a été relevée dans le schème tonal.

3. Combinaisons de phonèmes et de tons

7. Le support segmental du ton est la voyelle réalisée vocaliquement. Chaque voyelle ainsi réalisée sert de support à un seul ton.

La combinaison du ton avec une partie segmentale vocalique ou comportant une ou plusieurs voyelles (voir combinaisons de phonèmes) forme le signifiant de monèmes définissables en termes de phonèmes et de tons comme d'autres le sont en termes de phonèmes ou en termes de tons. C'est le cas d'un certain nombre de morphèmes, tels que pronoms personnels (ex. myɛ́ "1ère pers. sg."), actualisateurs (ex. é "explétif"), prépositions et conjonctions (ex. gò "circonstanciel de manière", jɔ́gɔ̀ "si").

2e Partie

PROBLÈMES DE MORPHOLOGIE LEXICALE

8. L'esquisse phonologique présentée dans la première partie suppose résolu le problème posé par le contenu phonématique d'un nombre important de lexèmes à initiale consonantique qui apparaissent dans le corpus sous deux formes différenciées uniquement par le segment phonique initial, attestés dans des mots entre lesquels existe un étroit rapport grammatical.

Ce problème est résumé par les exemples ci-après (A.), transcrits phonétiquement, qui illustrent les divers types d'alternances phoniques relevées :

[.ká:mbà]	"parler"	[.ɣà:mbá]	"parle"
[.ó:rwè]	"cheveu"	[.í:twè]	"cheveux"
[ì.ẅɛ́:nɛ̀]	"sein"	[à.mbɛ́:nɛ̀]	"seins"
[ò.wá:rò]	"pirogue"	[à.mbwá:rò]	"pirogues"

Deux cas peuvent être distingués dans l'inventaire des mots attestant des alternances phoniques de ces types, en fonction de la manière dont elles s'opèrent :

1° un nombre important de lexèmes montrent des alternances de segments phoniques régulièrement appariés, qui apparaissent chacun dans un contexte systématiquement définissable sur le plan de la grammaire, ces segments phoniques formant deux séries qui se correspondent terme à terme et sont caratérisables du point de vue articulatoire ;

2° un nombre limité de lexèmes montrent des alternances de segments phoniques qui ne revêtent d'aspect systématique ni par le contexte grammatical, ni par le contenu articulatoire des termes appariés, ni par leur appariement.

Ces deux cas sont désignés respectivement dans la suite de ce travail comme (a) *alternances systématiques* et (b) *alternances non-systématiques*.

I. ALTERNANCES SYSTÉMATIQUES

Deux cas sont distingués, selon que le lexème est ou n'est pas nomino-verbal.

1. Lexèmes nomino-verbaux

9. Dans sa forme infinitive, le verbe atteste à l'initiale du lexème les seules réalisations consonantiques suivantes :

[p] : occlusive bilabiale orale sourde ;

[f] : fricative labio-dentale orale sourde ;

[t] : occlusive apico-alvéolaire orale sourde,

[s] : fricative prédorso-alvéolaire orale sourde;

[k] : occlusive dorso-vélaire orale sourde ;

[ɓ] : occlusive bilabiale injective orale sonore ;

[ɗ] : occlusive apico-alvéolaire injective orale sonore ;

[ɟ] : affriquée prédorso-prépalatale orale sonore, ou bien:

[j] : affriquée apico-alvéolaire orale sonore, ou bien :

[ɗʸ] : occlusive prédorso-alvéolaire injective orale sonore, les trois réalisations /ɟ/, /j/, /ɗʸ/ étant des variantes individuelles auxquelles s'ajoute une réalisation /ɗ/ suivie de /y/ semi-voyelle prépalatale;

[m] : occlusive bilabiale nasale sonore ;

[n] : occlusive apico-alvéolaire nasale sonore ;

[ɲ] : mi-occlusive prédorso-alvéolaire nasale sonore.

Exemples (A.) : [.púŋ:gà] "lancer" :
[.fá:ŋgà] "craindre" ;
[.tó:mà] "envoyer" ;
[.só:ŋgà] "suivre" ;
[.ká:mbà] "parler" ;
[.ɓó:nà] "verser" ;
[.ɗú:rà] "tirer" ;
[.ɟé:nà], [.jé:nà], [.ɗʸé:nà], [. ɗyé:nà] "voir";
[má.ní:zà] "finir" ;
[.nú:ɣà] "pagayer" ;
[ɲà] "manger".

Une forme lexicale ayant la même réalisation consonantique initiale apparaît dans :

1° le verbe de temps :

(a) "présent",

ex. [zwè.pú:ŋgà] "nous lançons" ;

(b) "passé récent",

ex. [zwà.pù:ŋgí] "nous avions lancé" ;

(c) "futur",

ex. [zwèbé.pù:ŋgá] "nous lancerons";

2° le substantif de structure systématiquement définissable, dont le noyau est un lexème nomino-verbal, formant deux séries signifiant respectivement :

(a) "fait d'accomplir le procès",

ex. [ì.pú:ŋgà] "fait de lancer",

(b) "manière d'accomplir le procès",

ex. [mpú.ŋgì:nì] "manière de lancer".

Dans ces contextes, les segments phoniques précités ont une valeur différenciative.

10. A l'initiale du lexème attesté dans :

1° le verbe de temps "passé éloigné" ;

2° le prédicat de signifié "injonctif" ;

3° le substantif de structure systématiquement définissable, dont le noyau est un lexème nomino-verbal, signifiant "agent du procès", apparaissent les seules réalisations consonantiques suivantes :

[β] : fricative bilabiale orale sonore ;

[v] : fricative labio-dentale orale sonore ;

[z] : fricative prédorso-alvéolaire orale sourde ;

[ɣ] : fricative dorso-vélaire orale sonore ;

[m] : occlusive bilabiale nasale sonore ;

[w̃] : fricative bilabiale nasale sonore (Mp. seulement) ;

[n] : occlusive apico-alvéolaire nasale sonore ;

[ɲ] : mi-occlusive prédorso-alvéolaire nasale sonore ;

[l] : latérale apico-alvéolaire sonore ;

[r] : vibrante simple apico-alvéolaire sonore ;

[w] [ẅ] : semi-voyelle bilabio-vélaire ou bilabio-palatale selon le contexte vocalique ou semi-vocalique subséquent ;

[y] : semi-voyelle prédorso-prépalatale.

Exemples (A.) : [zwà.βù:ŋgí] "nous avions lancé" ;
[.βù:ŋgá] "lance" ;
[òβú.ŋgì:sì] "lanceur".

Ces segments phoniques ont une valeur différenciative dans les contextes indiqués.

11. La correspondance entre les segments phoniques attestés dans la première série de contextes (Série I) et ceux attestés dans la seconde (Série II) s'établit comme suit :

Série 1	Série II
[p]	[β]
[f]	[v]
[t]	[r]
[s]	[z]
[k]	[ɣ]
[ɓ]	[w] [ẅ]
[ɗ]	[l]
[ɟ] [j] [ɗʸ] [ɗy]	[y]
[m]	[m] (tous parlers)
[m]	[w̃] (Mp.)
[n]	[n]
[ɲ]	[ɲ]

Dans tous les parlers myɛnɛ, à l'exception du Mp., les lexèmes à segment phonique initial nasal dans les contextes propres à la Série I montrent le même segment phonique initial dans les contextes correspondant à la Série II. En Mp., la situation est la même sauf en ce qui concerne quelques lexèmes à initiale [m] dans les contextes correspondant à la Série I : dans cette langue, en effet, à [m] attesté dans ces contextes peuvent répondre dans les contextes propres à la série II soit [m], soit [w̃], et ceci en fonction de l'identité du lexème,

ex. [.mɔ́:ɣà] "chuchoter", [.mɔ̀:ɣá] "chuchote",
mais [.mó:ɣà] "détacher", [.w̃ò:ɣá] "détache".

12. L'étude de ces séries et de leur distribution suggère trois remarques desquelles se dégage une explication de ce phénomène.

En premier lieu, on constate que [v], fricative labio-dentale orale sonore, n'apparaît en myɛnɛ, sauf cas de variante individuelle au lieu de la réalisation [β] fricative bilabiale orale sonore (ex. [.é:βà] [.é:và] "pot"), qu'en alternance avec [f], fricative labio-dentale orale sourde, soit dans les contextes étudiés ici, soit dans un autre contexte dont il sera question plus loin (combinaison du lexème avec les classes nominales 11/19), alors que les autres segments phoniques constituant les deux séries apparaissent à l'initiale de lexèmes qui ne sont pas nomino-verbaux et sans y participer aux alternances indiquées (sauf dans le cas de la combinaison avec les classes nominales 11/19), et forment par conséquent dans ce cas un inventaire d'éléments supplémentaires à valeur distinctive.

En deuxième lieu, la comparaison sur le plan articulatoire des segments phoniques alternants montre que ceux de la Série I peuvent être définis comme *forts*, ceux de la Série II comme *faibles* (segment occlusif opposé à segment constrictif, segment sourd opposé à segment sonore).

Enfin il apparaît que la distribution des deux séries est définie en termes grammaticaux exclusivement et non en termes d'entourage phonique, chacune étant attestée en position initiale absolue ou intervocalique, accentuée ou inaccentuée dans le mot.

La conclusion à tirer de ces constatations est que l'alternance de segments phoniques observés dans le lexème nomino-verbal ne définit pas l'existence de variantes lexicales complémentaires, distinguées par la consonne initiale et à distribution définie par des contextes grammaticaux donnés.

Ce qui caractérise les segments phoniques de la Série II par rapport à ceux de la Série I, est un affaiblissement de l'articulation : perte du caractère occlusif, du caractère sourd, du caractère occlusif et du caractère sourd. Cet affaiblissement est une marque, signifiant ou élément de signifiant complexe, combiné avec l'initiale du lexème, initiale qui est une consonne entrant dans un inventaire limité de phonèmes de cette catégorie attesté dans le lexème nomino-verbal en cette position. Cette marque sera désignée par le terme *lénition*, qui malgré sa connotation diachronique décrit adéquatement le phénomène synchronique étudié, et représenté par un signe diacritique affectant le signe notant le phonème initial du lexème, ex. **kámbà** "parler", **k̲àmbá** "parle", **zwàkàmbí** "nous avions parlé (récent)", **zwàk̲àmbí** "nous avions parlé (éloigné)", òk̲ámbìsì "orateur", "locuteur".

Le cas du Mp., où l'on observe la correspondance de [m] avec [m] (maintien de la même articulation) ou [w̃] (perte du caractère occlusif) selon les lexèmes et sans que rien ne justifie dans leur structure ou l'entourage phonique cette différence de traitement dans l'initiale, est celui d'une distribution grammaticalement définie (identité du lexème) de la marque *lénition* quand l'initiale est le phonème /m/, contexte dans lequel on a complémentarité de deux variantes *lénition/zéro*. Cette marque n'affectant pas, dans les autres parlers myɛnɛ, les lexèmes à initiale /m/, /n/, /ɲ/ et en Mp. les lexèmes à initiale /n/ et /ɲ/, on peut conclure que la complémentarité *lénition/zéro* est définissable phonologiquement par l'identité du phonème initial (consonne orale/consonne nasale) ailleurs qu'en Mp., langue où elle est phonologiquement et grammaticalement définie.

2. Lexèmes non nomino-verbaux

13. Un certain nombre de substantifs dont le lexème n'est pas nomino-verbal présentent un traitement de son initiale qui est ainsi décrit par GUTHRIE (*op. cit.*) :

> "in the case of words in the classes numbered 11/19, there are only ten distinctions of initial stem consonants as against a possible twenty in all the other classes. For this purpose the consonants may be assorted into the following pairs, where the first is that appropriate for Cl.11 and the second that for Cl.19 :
>
> 1. β, p 2. r, t 3. ɣ,k 4. w, b 5. l, d
>
> 6. y, ɟ 7. v, f 8. z, s 9. m̲, m 10. n̲, n

Le corpus relatif au parler A. a produit un certain nombre de substantifs appartenant aux classes nominales numérotées 11/19 par GUTHRIE, -numérotation qui est conservée ici pour tous les termes du système classificatoire myɛnɛ-, et les exemples ci-dessous illustrent les divers cas de correspondance entre segments phoniques à l'initiale du lexème :

Cl. 11 "singulier"		Cl. 19 "pluriel"
[ò.wó:wà]	"plume"	[ì.ɓó:wà]
[ò.vɛ́:rà]	"griffe"	[ì.fɛ́:rà]
[ò.ró:βè]	"plaine"	[ì.tó:βè]
[ò.zɔ́:ɣɔ̀]	"rameau"	[ì.sɔ́:ɣɔ̀]

[ò.yá:βì]	"feuille"	[ì.ɟá:βì] [ì.já:βì] [ì.ɗʸá:βì] [ì.ɗyá:βì]
[ò.ɣó:nì]	"bois à brûler"	[ì.kó:nì]

On relève donc à l'initiale du lexème en Cl. 11 les segments phoniques suivants :

[w] : semi-voyelle bilabio-vélaire ;

[v] : fricative labio-dentale orale sonore ;

[r] : vibrante simple apico-alvéolaire sonore ;

[z] : fricative prédorso-alvéolaire orale sonore ;

[y] : semi-voyelle prédorso-prépalatale ;

[ɣ] : fricative dorso-vélaire orale sonore ;

et à l'initiale du lexème correspondant en Cl. 19 :

[ɓ] : occlusive bilabiale injective orale sonore ;

[f] : fricative labio-dentale orale sourde ;

[t] : occlusive apico-alvéolaire orale sourde ;

[s] : fricative prédorso-alvéolaire orale sourde ;

[ɟ] : affriquée dorso-palatale orale sonore, ou bien :

[j] : affriquée apico-alvéolaire orale sonore, ou bien :

[ɗʸ] : occlusive prédorso-alvéolaire injective, orale, sonore, les trois réalisations [ɟ], [j], [ɗʸ] étant individuelles auxquelles s'ajoute une réalisation [ɗ] suivie de [y] semi-voyelle prépalatale ;

[k] : occlusive dorso-vélaire orale sourde.

La vérification systématique de la documentation de WALKER (*op. cit.*) sur le Mp. montre que s'il a bien identifié un genre à deux classes (pour reprendre la terminologie de GUTHRIE) correspondant à l'opposition désignée ici comme Cl. 11/19, il n'a pas su reconnaître tous les substantifs qui y entrent et y place des substantifs - dont son substantif "type" **ótè**, pl. **ítè** "latte de raphia" - qui appartiennent en réalité au genre à deux classes 3/4, dont il a cependant aussi reconnu l'existence (compte non tenu du phénomène étudié ici, les classes 11/19 et 3/4 peuvent être distinguées par certaines formes d'accord).

Ce qui est intéressant dans cette langue est que l'on y relève pour "feuille" les formes [ò.wá:βì] au singulier (Cl. 11) et [ì.ɟá:βì) au pluriel (Cl. 19), avec alternance de [w] et [ɟ] là où les autres langues myɛnɛ montrent une alternance entre [y] et [ɟ], que l'on rencontre du reste dans d'autres substantifs en Mp.

Les correspondances répertoriées ci-dessus entre segments phoniques attestés à l'initiale du lexème de Cl. 11 et de Cl. 19 respectivement sont les seules relevées dans le corpus, malgré des recherches intensives, et il semble que GUTHRIE, - qui ne paraît pas avoir eu connaissance du cas de "feuille" en Mp. -, a étendu aux lexèmes de Cl. 11/19 les données fournies par le lexème nomino-verbal, les deux cas présentant inconstestablement de frappantes analogies. Cependant les recherches menées tant en Mp. qu'en A. prouvent que la liste des alternances effectivement attestées n'est pas exactement la même dans les substantifs de Cl. 11/19 et dans le lexème nomino-verbal : si des alternances relevées dans ce dernier le sont également dans le lexème de substantifs de Cl. 11/19, elles ne sont pas les seules, le cas de "feuille" en Mp. est là pour le montrer, et toutes les alternances relevées dans le lexème nomino-verbal ne le sont pas dans le lexème du substantif de Cl. 11/19.

Sur le plan articulatoire, les deux séries de segments phoniques relevés respectivement dans le substantif de Cl. 11 et dans celui de Cl. 19 peuvent être caractérisées, la première comme *faible*, la seconde comme *forte* (segment constrictif opposé à segment occlusif, segment sonore opposé à segment sourd). La distribution des segments alternants n'est pas définie en termes d'entourage phonique : le segment phonique faible et le segment phonique fort sont tous deux intervocaliques, en syllabe accentuée ou inaccentuée, et de même que tous les segments forts peuvent apparaître après voyelle /o/ (marque des classes 1, 3, 14), tous les segments faibles, à l'exception de [v], sont attestés après la voyelle /i/ (marque des classes 4, 5 et 10), ex. (A.) [ò.sá:ŋgè], òsáŋgè "haricot" (Cl. 3), [ò.kí:lì], òkílì "sentier" (Cl.3), [í.là:sà], ílàsà "orange" (Cl. 5), "orangers" (Cl. 4), [.í:rà], írà "fesse" (Cl. 5), ce qui exclut l'hypothèse d'une assimilation de tension (voyelle fermée tendue, voyelle mi-fermée lâche) de la voyelle sur la consonne suivante. Le segment phonique [v], cela a déjà été signalé, n'apparaît pas, sauf variante individuelle à la place de [β], en dehors de l'alternance avec [f] dans le substantif de Cl. 11/19 et le lexème nomino-verbal.

Dans les parlers autres que le Mp., la correspondance terme à terme des segments phoniques de série faible et de ceux de série forte témoigne dans tous les cas d'un affaiblissement de l'articulation, dont le point n'est pas sensiblement modifié par ailleurs : perte du caractère occlusif, perte du caractère sourd, perte du caractère occlusif et du caractère sourd. En Mp. on relève, outre les alternances dénotant un affaiblissement articulatoire, une alternance entre deux segments [w] et [ɟ] qui s'opposent bien comme faible (constrictif) à fort (affriqué) mais dont les points d'articulation sont dissemblables : le rapport existant entre [w] et [ɟ] ne peut être comparé à celui qui existe entre [y] et [ɟ] d'une part, entre [w] et [ɓ], [v] et [f], [r] et [t], [z] et [s], [ɣ] et [k] d'autre part.

Il découle de cette série de remarques que l'alternance des segments phoniques à l'initiale des lexèmes dans le substantif de Cl. 11/19 reçoit deux interprétations selon la nature des segments appariés.

Dans le cas où l'un des termes de l'alternance est caractérisée par rapport à l'autre par un affaiblissement articulatoire, le point d'articulation restant le même, on a affaire à un phénomène qui relève de la morphologie des classes nominales : la *lénition* est un trait qui fait partie de la marque de Cl. 11 dans le substantif. Il y a combinaison de ce trait avec le phonème consonantique initial du lexème, qui est le même dans le substantif de Cl. 11 et dans le substantif de Cl. 19. Les substantifs pris en exemple peuvent donc être transcrits phonologiquement de la manière suivante, la marque *lénition* étant symbolisée comme dans le cas du lexème nomino-verbal par le soulignement de la consonne initiale du lexème :

òb̲ówà	/ ìbówà	"plume"	/	"plumes"
òf̲ɛ́rà	/ ìfɛ́rà	"griffe"	/	"griffes"
òt̲óvè	/ ìtóvè	"plaine"	/	"plaines"
òs̲ɔ́gɔ̀	/ ìsɔ́gɔ̀	"rameau"	/	"rameaux"
òj̲ávì	/ ìjávì	"feuille"	/	"feuilles"
òk̲ónì	/ ìkónì	"morceau de bois"	/	"morceaux de bois"

Dans le cas où le segment phonique faible et le segment phonique fort ne sont pas de même point d'articulation, on a affaire à un lexème qui atteste deux variantes combinatoires, distinguées uniquement par la consonne initiale : les deux segments phoniques sont donc les réalisations normales de deux phonèmes distincts. Les deux variantes ont une distribution complémentaire définie par l'identité de la classe nominale : la variante **wavi** est combinée avec Cl. 11, la variante **javi** avec Cl. 19 dans **òwávì** / **ìjávì** "feuille" / "feuilles" et en Mp. la classe II a donc dans le substantif une marque **o** - *lénition* en combinaison avec tous les lexèmes sauf "feuille" où la marque est la seule voyelle.

3. Conclusions

14. Tous les segments phoniques qui forment la série faible attestée dans le lexème nomino-verbal et le lexème du substantif de Cl. 11/19 sont, à l'exception de [**v**] qui n'apparaît alors que comme variante individuelle en remplacement de [β], relevées en dehors de ces contextes et sans alternance systématique, avec valeur distinctive entre eux et avec les segments phoniques formant la série forte attestée dans les deux contextes.

Les conditions d'apparition de [**v**] montrent qu'il ne peut s'agir de :

1° la réalisation d'un phonème à deux variantes combinatoires [**v**] et [β] (il n'y a pas de complémentarité) ;

2° la réalisation d'un phonème attesté uniquement dans les deux contextes en question (absence de traits pertinents permettant de l'inclure dans le système consonantique).

Il découle de ces observations que le segment [**v**] alternant avec [**f**] est la matérialisation phonique d'un élément morphologique combiné avec le phonème /**f**/ initial du lexème et dont la réalisation conforme à son identité phonologique est [**f**].

Partant de là, il devient possible :

1° d'analyser l'alternance systématique entre segment phonique fort et segment phonique faible comme le choix entre marque *zéro* et marque *lénition*, trait phonique non pertinent au plan phonologique ;

2° d'identifier les phonèmes consonantiques du myɛnɛ en utilisant pour les rapprochements de quasi-homonymes, d'une part les mots à noyau lexical dont le segment phonique initial n'est pas l'un des deux termes d'une alternance systématique, et d'autre part les mots qui présentent à l'initiale du lexème un segment phonique qui est le terme de série forte d'une telle alternance : l'initiale en question est dans les deux cas la réalisation, conforme à son identité phonologique, d'un phonème ;

3° d'étudier enfin la question soulevée par les mots qui montrent à l'initiale du lexème des alternances non systématiques de segments phoniques (voir ci-dessous).

Sur le plan de l'utilisation par la langue des possibilités offertes par son système consonantique, il apparaît que les lexèmes nomino-verbaux et servant de noyau aux mots de Cl. 11/19 ont à l'initiale un inventaire réduit de consonnes. La lacune de distribution de certains phonèmes entraîne la suspension d'oppositions bilatérales privatives entre sourde et sonore, entre occlusive et fricative, sans revêtir cependant un aspect systématique définissable en termes de corrélations.

II. ALTERNANCES NON SYSTÉMATIQUES

Ces alternances sont observées dans deux contextes nominaux, qui sont le substantif et l'adjectif.

1. Substantifs

15. Les données du problème sont contenues dans l'inventaire de substantifs ci-dessous, inventaire dont les termes sont groupés par type de modifications formelles frappant la partie qui suit immédiatement la réalisation vocalique initiale (exemple A.).

	"singulier"			"pluriel"	
1°	[ò.yí:là]	Cl. 14	"palmier"	[à.mbǐ:là]	Cl. 6
2°	[ì.ẅɛ́:nɛ̀]	Cl. 5	"sein"	[à.mbɛ́:nɛ̀]	Cl. 6
	[ìẅɛ́.wɛ̀:nì]	Cl. 5	"cuisse"	[àmbɛ́.ẅɛ̀:nì]	Cl. 6
	[ì.wú:mù]	Cl. 5	"ventre"	[à.mbú:mù]	Cl. 6
3°	[ì.βú:βà]	Cl. 5	"genou"	[à.mpú:βà]	Cl. 6
	[ì.βá:βà]	Cl. 5	"aile"	[à.mpá:βà]	Cl. 6
	[ǐ.βá:zà]	Cl. 5	"jumeau"	[à.mpá:zá]	Cl. 6
	[ì.βá:rì]	Cl. 5	"branche"	[à.mpá:rǐ]	Cl. 6
4°	[ò.wá:rò]	Cl. 14	"pirogue"	[à.mbwá:rò]	Cl. 6
	[ì.ẅé:mbà]	Cl. 5	"trou"	[à.mé:mbà]	Cl. 6
	[ò.ẅé:njà]	Cl. 14	"jour"	[à.mé:njà]	Cl. 6

16. Le problème de l'identité phonologique de l'initiale lexicale est lié à celui de la forme de la marque classificatoire dans l'un des deux termes ou dans les deux termes appariés dans l'opposition sg./pl.

Dans le premier exemple, aucun mécanisme combinatoire ne permet d'expliquer sur le plan de l'articulation la correspondance entre [y] et [mb] ou [b], ce qui conduit à la conclusion qu'une variante combinatoire **yila**, à distribution définie par l'identité de la classe nominale (Cl. 14 en l'occurence), est complémentaire d'une seconde variante dont la forme n'est cependant pas encore définissable à ce premier stade.

Dans tous les autres cas, un "pluriel" de Cl. 6 opposé à un "singulier" de Cl. 5 ou de Cl. 14 fait alterner, après une réalisation vocalique initiale, un segment phonique occlusif nasal bilabial, ou combinant successivement articulation occlusive nasale bilabiale et articulation occlusive orale bilabiale, avec un segment phonique fricatif oral bilabial.

GUTHRIE (*op. cit.*) attribue à Cl. 6 une forme **am-** dans le substantif comportant "a bilabial consonant in first stem position" et une forme **a-** dans les autres contextes consonantiques, ce qui implique soit que les réalisations consonantiques orales trouvées à l'initiale du lexème sont des variantes du même phénomène (variante en position intervocalique, variante après nasale devant voyelle), soit que le lexème a deux variantes combinatoires caractérisées chacune par un phonème consonantique initial différent : mais cette analyse repose sur une documentation sans doute insuffisante car elle ne tient compte ni de [ì.ẅé:mbà] [à.mé:mbà] "trou(s)", ni de substantifs tels que [i.bá:mbò], [à.ɓá:mbò] "esprit(s) d'ancêtres", [ì.pɛ́:sì], [à.pɛ́:sì] "palabre(s)" où un lexème à consonne bilabiale initiale est combiné avec des marques classificatoires **i-/a-** (phonologiquement : **ìbámbò/àbámbò, ìpɛ́sì/àpɛ́sì**). Même sans ces exemples, qui suffisent à écarter l'interprétation de GUTHRIE sur le plan synchronique, il resterait à expliquer le cas de [ò.wá:rò], [à.mbwá:rò] "pirogue(s)".

Les marques de Cl. 5/6 étant **i-/a-** devant toute initiale consonantique de lexème dans le substantif, les cas étudiés ici sont ceux de lexèmes à variantes combinatoires distinguées uniquement par la consonne initiale, variantes dont la distribution complémentaire est définie par l'identité de la classe nominale avec laquelle le lexème se trouve combiné. On a donc :

àmbílà	"palmiers"	(lexème **yila/mbila**)
ìwɛ́nɛ̀/àmbɛ́nɛ̀	"sein(s)"	(lexème **wɛnɛ/mbɛnɛ**)
ìwɛ́wɛ̀nì/àmbɛ́wɛ̀nì	"cuisse(s)"	(lexème **wɛwɛni/mbɛwɛni**)
ìwúmù/àmbúmù	"ventre(s)"	(lexème **wumu/mbumu**)
ìvúvà/àmpúvà	"genou(x)"	(lexème **vuva/mpuva**)
ìvávà/àmpávà	"aile(s)"	(lexème **vava/mpava**)
ìvázà/àmpázà	"jumeau(x)"	(lexème **vaza/mpaza**)
ìvárì/àmpárì	"branche(s)"	(lexème **vari/mpari**)

Cette analyse est naturellement étendue à "pirogue", substantif qui se présente phonologiquement comme **òwárò/àmbwárò** (lexème **waro/ mbwaro**).

Il reste les deux substantifs "trou(s)" et jour(s)".

Les termes de Cl. 5 et Cl. 14 de ces substantifs ont chacun une forme lexicale à consonne initiale, c'est ce qui ressort de la marque classificatoire dont ils sont affectés : en effet, Cl. 5 a devant voyelle initiale de lexème une marque **iɲ-** ou **ɲ-** et Cl. 14 une marque **oŋw-**, ceci dans l'adjectif, aucun exemple n'ayant été relevé dans le substantif, et les marques **i-** et **o-** de ces deux classes nominales répondent à un contexte lexical à initiale consonantique aussi bien dans l'adjectif que dans les substantifs sans ambiguïté d'analyse. Deux formes peuvent donc être posées : **ìwémbà** "trou" (lexème **wemba**), **ìwénjà** "jour" (lexème **wenja**).

Pour les deux termes de Cl. 6, deux hypothèses peuvent être envisagées :

1° les deux lexèmes attestent une variante à voyelle initiale, combinées avec une marque classificatoire de forme **am-** ;

2° les deux lexèmes attestent une variante à consonne initiale (le phonème /m/), combinée avec une marque classificatoire de forme **a-**.

Aucun exemple évident de substantif de Cl. 6 à initiale lexicale vocalique n'a été enregistré dans le corpus.

GUTHRIE donne en Mp. un substantif **i<u>ny</u>á<u>n</u>a/a<u>m</u>á<u>n</u>a** "morceau(x) de charbon de bois"[7] (Cl. 5/6), avec marques classificatoires **i<u>ny</u>/a<u>m</u>-** devant voyelle. Une forme analysable comme **ìɲánà** a bien été trouvée en Mp., avec un pluriel **àw̃ánà**, mais ceci après bien des hésitations de la part des informateurs qui l'attribuent à un parler archaïque, ce qui rejoint l'opinion de WALKER (*op. cit.*) qui la dit peu usitée : il cite comme forme courante, - et j'ai moi-même noté dans cette langue -, **ìw̃ánà**, pl. **àw̃ánà**, "morceau de charbon de bois" (lexème **w̃ana**), et dans les autres parlers myɛnɛ on relève avec le même sens **ìmánà/àmánà** (lexème **mana**). Dans l'adjectif, la marque de Cl. 6 devant voyelle est **m-** ou **am-** (**aw̃-** en M<u>p</u>.) selon la série, et cela de façon absolument évidente.

Il est permis sur le plan synchronique d'analyser par analogie avec les formes de Cl. 5 et Cl. 14 ainsi qu'avec les autres formes de Cl. 6 envisagées ici comme comportant des variantes lexicales à consonne initiale, combinées avec une marque classificatoire **a-** : les deux

---

[7] Transcription de cet auteur.

substantifs se présentent donc en A. comme **ìwémbà/àmémbà** "trou(s)" (lexème **wemba/memba**) et **ìwénjà/àménjà** "jour(s)" (lexème **wenja/menja**), et on trouve en Mp. avec les mêmes sens **ìwembà/àw̃émbà** (lexème **wemba/w̃emba**) et **ìwénjà/àw̃enjà** (lexème **wenja/w̃enja**) respectivement. Ces variantes lexicales ont une distribution complémentaire définie par l'identité de la classe nominale avec laquelle est combiné le lexème. Il est cependant clair que l'autre solution pourrait être retenue par analogie avec ce qui est observé dans l'adjectif à lexème avec initiale vocalique.

2. Adjectif

17. C'est la langue Mp., bien documentée dans le domaine complexe de la classification nominale, qui fournira les données du problème exposé ci-dessous.

Les parlers myɛnɛ ont un système de classes nominales (genres à deux classes et genres à une classe) qui comprend les termes suivants (symbolisation numérique de GUTHRIE et illustration par substantifs)[8] :

Cl. 1	:	**ógà**	"chef"
Cl. 1a	:	**rérὲ**	"père"
Cl. 2	:	**ágà**	"chefs"
Cl. 3	:	**ònέwὲ**	"langue"
Cl. 4		**ìnέwὲ**	"langues"
Cl. 5	:	**íkè**	"oeuf"
Cl. 6	:	**ákè**	"oeufs"
		àmbwárò	"pirogues"
Cl. 7	:	**épà**	"os (sg.)
Cl. 8	:	**pà**	"os (pl.)"
Cl. 9	:	**swákà**	"couteau"
Cl. 10	:	**ìswákà**	"couteaux"
Cl. 11	:	**ót̲wè**	"cheveu"
Cl. 14	:	**òwárò**	"pirogue"
Cl. 19	:	**ítwè**	"cheveux"

[8] L'existence d'une classe 2a (pluriel de Cl. 1a) est à l'étude.

Une partie des adjectifs montrent dans le segment consonantique initial ou suivant immédiatement une voyelle initiale, - et ceci en fonction de la classe nominale du référent, c'est-à-dire dans la terminologie traditionnelle du substantif régissant l'accord -, des variations de divers types alors que d'autres conservent en cette position le même consonantisme quelle que soit la classe du référent. Dans le premier cas est posée la question de savoir à quoi correspondent ces variations phoniques, le segment consonantique attesté dans le second cas étant la réalisation, conforme à son identité phonologique, du phonème initial du lexème.

Il est pratique, pour étudier cette question, de distinguer deux séries d'adjectifs, qui se différencient de prime abord par les formes en Cl. 10 et en Cl. 19 : ces deux séries correspondent la première à des adjectifs de signifié non numéral, la seconde à des adjectifs de signifié numéral.

Les deux séries de paradigmes ci-après présentent les données du problème dans ces deux catégories d'adjectifs : formes à variations consonantiques et formes sans variations consonantiques. La transcription est phonétique mais les tons ne sont pas indiqués car variables selon la fonction et la position.

Trois observations complètent ces données :

1° d'autres termes de la série des adjectifs non numéraux présentent les mêmes alternances que "grand", "mauvais", "long" et "ancien" respectivement ;

2° ces alternances impliquent uniquement :

(a) des labiales ;

(b) des apicales ;

3° les adjectifs à consonantisme invariable ont tous une initiale lexicale nasale /n/ (cf. **nowe** "mâle", **nowye** "de droite", **nayi** "quatre") ou /m/ (cf. **mya** "combien ?").

18. Dans la première série de paradigmes (adjectifs non numéraux), la comparaison des formes à segment consonantique initial bilabial ("grand", "mauvais", "petit") montre clairement que :

1° dans le cas des classes 1, 1a, 3 et 11, la marque classificatoire est **o-**, combinée avec des formes lexicales qui sont, phonologiquement, **mpolo** "grand", **mbe** "mauvais", **pe** "petit" : en effet, vu la forme de l'adjectif "petit" dans ces diverses classes nominales, la partie nasale du segment consonantique bilabial dans "grand" et "mauvais" ne peut appartenir à la marque classificatoire ;

Cl.	(1) ADJECTIFS NON NUMERAUX							(2) ADJECTIFS NUMERAUX				
	"grand"	"mauvais"	"petit"	"long"	"ancien"	"pur"	"mâle"	"un"	"deux"	"trois"	"cinq"	"quatre"
1	o.mpo:lo	.o:mbe	.o:pe	.o:la	o.lu:ŋgu	o.re:βo	o.no:w̃e	o.w̃ɔ:ri				
1a	o.mpo:lo	.o:mbe	.o:pe	.o:la	.nu:ŋgu	o.re:βo	o.no:w̃e	.mɔ:ri				
2	a.βo:lo	.a:we	.a:pe	.a:la	a.lu:ŋgu	a.re:βo	a.no:w̃e		a.wa:ni	a.ra:ro	a.ta:ni	a.na:yi
3	o.mpo:lo	.o:mbe	.o:pe	.o:la	o.lu:ŋgu	o.re:βo	o.no:w̃e	o.w̃ɔ:ri				
4	i.mpo:lo	.i:mbe	.i:mpe	.i:la	i.lu:ŋgu	i.re:βo	i.no:w̃e		i.mba:ni	i.ra:ro	i.ta:ni	i.na:yi
5	i.βo:lo	.i:we	.i:pe	.i:la	i.lu:ŋgu	i.re:βo	i.no:w̃e	i.w̃ɔ:ri				
6	a.mpo:lo	.a:mbe	.a:mpe	.a:la	a.lu:ŋgu	a.re:βo	a.no:w̃e		a.mba:ni	a.ra:ro	a.ta:ni	a.na:yi
7	e.βo:lo	.e:we	.e:pe	.e:la	e.lu:ŋgu	e.re:βo	e.no:w̃e	e.w̃ɔ:ri				
8	.βo:lo	we	pe	la	.lu:ŋgu	.re:βo	.no:w̃e		.wa:ni	.ra:ro	.ta:ni	.na:yi
9	.mpo:lo	mbe	mpe	nda	.nu:ŋgu	.nte:βo	.no:w̃e	.mɔ:ri				
10	i.mpo:lo	.i:mbe	.i:mpe	.i:nda	i.nu:ŋgu	i.nte:βo	i.no:w̃e		.mba:ni	.nca:ro	.nca:ni	.na:yi
11	o.mpo:lo	.o:mbe	.o:pe	.o:la	o.lu:ŋgu	o.re:βo	o.no:w̃e	o.w̃ɔ:ri				
14	o.βo:lo	.o:we	.o:pe	.o:la	o.lu:ŋgu	o.re:βo	o.no:w̃e	o.w̃ɔ:ri				
19	i.po:lo	.i:ɓe	.i:pe	.i:ɗa	i.ɗu:ŋgu	i.te:βo	i.no:w̃e		.ɓa:ni	.ta:ro	.ta:ni	.na:yi

2° dans les classes 2, 5, 7, 8 et 14, on a les formes **volo**"grand" et **we** "mauvais", et dans la classe 19 **polo** et **be** respectivement : le lexème "petit" ayant dans ces mêmes contextes classificatoires une forme unique **pe**, il en résulte que [β] ne peut être une réalisation de /p/, ni par analogie [w] une réalisation de /b/ (contexte phonique ou contexte grammatical), et inversement [p] et [ɓ] des réalisations de /v/ et /w/.

Il reste le cas des classes 4, 6, 9 et 10, où toutes les formes de l'adjectif ont dans le segment consonantique bilabial initial ou suivant une voyelle initiale une partie nasale : cette partie nasale appartient-elle à la marque classificatoire ou bien au lexème ?

Une étude instrumentale (durée du segment phonique étudié, durée des réalisations de /m/, /p/, /b/, /mp/, /mb/) , n'étant pas possible faute de matériel, la solution du problème ne peut être trouvée que dans la comparaison des divers paradigmes présentés ici et j'y reviendrai après avoir envisagé le cas des autres adjectifs.

Toujours dans la première série de paradigmes, la comparaison des formes à segment consonantique apical entre elles et avec celles à segment bilabial montre clairement que compte tenu des contextes phoniques et classificatoires :

1° dans les classes 1, 1a, 2, 3, 4, 5, 6, 7, 8, 11 et 14, les lexèmes "long" et "pur" attestent des variantes **la** et **revo** respectivement ;

2° dans la classe 19, ces deux lexèmes se présentent respectivement comme **da** et **tevo** ;

3° le lexème "ancien" a trois variantes **luŋgu** (Cl. 1, 2, 3, 4, 5, 6, 7, 8, 11, 14), **nuŋgu** (Cl. 1a. 9, 10) et **duŋgu** (Cl. 19).

Le contexte phonique en effet ne définit pas de complémentarité de [l] et [ɗ] (et [n] dans le cas du lexème "ancien"), ni de [r] et [t], et d'autre part le cas des formes à segment consonantique bilabial montre que le contexte classificatoire ne comporte pas de marque *lénition*.

Il reste le cas des classes 9 et 10 pour les lexèmes "long" et "pur", où le problème est le même que pour "grand", "mauvais" et "petit" dans les classes 4, 6, 9 et 10.

Il ne fait aucun doute que synchroniquement "ancien" atteste en Cl. 9/10 une variante **nuŋgu**, à initiale nasale, combinée avec les marques ∅-/i- que l'on retrouve en combinaison avec le lexème de forme unique "mâle" (**nowe**), la distribution des variantes complémentaires **luŋgu/nuŋgu/duŋgu** étant définie par l'identité de la classe au référent. Il n'est pas injustifié d'en conclure analogiquement que "long" et "pur" ont en combinaison avec Cl. 9/10, marquées par ∅-/i- une variante à initiale mi-nasale **nda** et **ntevo** respectivement, et cette analyse analogique peut être étendue au cas de "grand", "mauvais", et "petit" dans ces deux classes, lexèmes à qui l'on reconnaîtra dans ces contextes classificatoires des variantes **mpolo, mbe** et **mpe.**

Ceci ne laisse plus à résoudre que le problème posé par "grand", "mauvais" et "petit" dans les classes 4 et 6.

On a vu que dans le substantif, les marques des classes 4 et 6 devant consonnes orale bilabiale initiale de lexème sont -i et a- respectivement. Il n'existe pas, dans l'adjectif, de lexème à consonne initiale orale bilabiale évidente combinée avec ces deux classes, mais par analogie avec ce qui est trouvé dans le substantif, on peut conclure qu'elles définissent un contexte de distribution de variante **mpolo, mbe** et **mpe** des trois lexèmes considérés.

Cette solution simplifie le système des formes classificatoires et de leur distribution, sans apporter de complication dans la définition de la distribution des variantes combinatoires des lexèmes. On peut en effet établir ainsi le système des marques classificatoires et de distribution des variantes lexicales :

Classe	Marque	Forme lexicale
1	o-	mpolo/mbe/pe/la/luŋgu/revo/nowe
1a	o-	mpolo/mbe/pe/la/revo/nowe
	∅-	nuŋgu
2	a-	volo/we/pe/la/luŋgu/revo/nowe
3	o-	mpolo/mbe/pe/la/luŋgu/revo/nowe
4	i-	mpolo/mbe/mpe/la/luŋgu/revo/nowe
5	i-	volo/we/pe/la/luŋgu/revo/nowe
6	a-	mpolo/mbe/mpe/la/luŋgu/revo/nowe
7	e-	volo/we/pe/la/luŋgu/revo/nowe
8	∅-	volo/we/pe/la/luŋgu/revo/nowe
9	∅-	mpolo/mbe/mpe/nda/nuŋgu/ntevo/nowe
10	i-	mpolo/mbe/mpe/nda/nuŋgu/ntevo/nowe
11	o-	mpolo/mbe/pe/la/luŋgu/revo/nowe
14	o-	volo/we/pe/la/luŋgu/revo/nowe
19	i-	polo/be/pe/da/duŋgu/tevo/nowe

19. Dans la seconde série de paradigmes (adjectifs numéraux, deux pro-problèmes distincts se posent, qui concernent le premier le lexème "un", le second les lexèmes "deux", "trois" et "cinq".

Dans le cas de "un", on voit que le segment phonique [**w̃**] apparaît entre deux voyelles, alors que le segment phonique [**m**] est à l'initiale absolue de l'adjectif, ce qui semble indiquer à première vue une distribution complémentaire. Mais la distribution de [**w̃**] dans ses autres occurrences dans la langue est telle que ce segment y est identifié soit comme la réalisation d'un phonème /**w̃**/, soit comme la matérialisation de la marque *lénition* en combinaison avec le phonème /**m**/, et jamais comme une variante intervocalique de celui-ci. Cette hypothèse étant donc exclue, ainsi que celle de la *lénition*, phénomène qui n'est pas observé en relation avec la formation des autres adjectifs, il reste l'identification des deux segments [**w̃**] et [**m**] comme réalisation des phonèmes /**w̃**/ et /**m**/ respectivement, ce qui amène celle de deux variantes complémentaires **w̃ɔri/mɔri** du lexème "un".

L'analyse des formes de "deux" et "trois" découle directement de celle de "mauvais" et "pur" de la première série : on identifie des variantes **wani/bani/mbani** "deux" et **raro/taro/ncaro** "trois". Il ressort de là que "cinq" a deux variantes **tani/ncani**.

Le système des marques classificatoires et de distribution des marques lexicales se présente donc de la manière suivante dans l'adjectif numéral :

Classe	Marque	Forme lexicale
1	**o-**	**w̃ɔri**
1a	**ø-**	**mɔri**
2	**a-**	**wani/raro/tani/nayi**
3	**o-**	**w̃ɔri**
4	**i-**	**mbani/raro/tani/nayi**
5	**i-**	**w̃ɔri**
6	**a-**	**mbani/raro/tani/nayi**
7	**e-**	**w̃ɔri**
8	**ø-**	**wani/raro/tani/nayi**
9	**ø-**	**mɔri**
10	**ø-**	**mbani/ncaro/ncani/nayi**

11	o-	w̃ɔri
14	o-	w̃ɔri
19	∅-	bani/taro/tani/nayi

3. Conclusions

20. Les alternances consonantiques non systématiques relevées dans le substantif et l'adjectif amènent à distinguer pour certains lexèmes des variantes combinatoires différenciées uniquement par le phonème initial (morphologie du lexème), dont la distribution est définie par l'identité de la classe nominale. Il est à noter que l'alternance initiale distinguant deux variantes peut être caractérisée sur le plan articulatoire comme formée de deux termes dont l'un est *fort*, l'autre *faible*.

Si l'on cherche à définir cette distribution en fonction de la nature phonologique de la consonne initiale des variantes lexicales, on voit que dans le substantif, où les variantes du type considéré ici ne sont attestées qu'en combinaison avec Cl. 5/6, Cl. 14/6 et Cl. 7/8:

1° la variante à initiale nasale ou mi-nasale, complémentaire d'une variante à initiale orale labiale, est combinée avec Cl. 6 seulement ;

2° la classe 6 ne se combine qu'avec des variantes lexicales à initiale nasale ou mi-nasale.

Le cas de l'adjectif est représenté dans le tableau ci-après.

Adjectifs non numéraux	CLASSE													
	1	1A	2	3	4	5	6	7	8	9	10	11	14	19
mpolo/mbe	×	×		×	×		×			×	×	×		
volo/we			×			×		×	×				×	
polo/be/da/duŋgu/tevo														×
pe	×	×	×	×		×		×	×			×	×	×
mpe					×		×			×	×			
la/revo	×	×	×	×	×	×	×	×	×			×	×	
nda/ntevo										×	×			
luŋgu	×		×	×	×	×	×	×	×			×	×	
nuŋgu		×								×	×			
Adjectifs numéraux														
w̌ɔri	×			×		×		×				×	×	
mɔri		×								×				
wani			×						×					
mbani					×		×				×			
raro			×		×		×		×					
tani			×		×		×		×					×
bani/taro														×
ncani/ ncaro											×			

Il ressort de ce tableau, les numéraux ne se combinant selon leur signifié qu'avec une classe correspondant à un singulier ou à un pluriel dans le référent, qu'il y a similitude dans la distribution de :

w̃ɔri/luŋgu

mɔri/nuŋgu

wani/volo/we

mbani/mpolo/mbe

raro/la/revo

bani/taro/polo/be/da/duŋgu/tevo

ncani/ncaro/nda/ntevo

La variante **tam** du lexème "cinq", les variantes **pe** et **mpe** du lexème "petit", ont une distribution qui n'est pareille à celle d'aucune autre variante dans l'adjectif non numéral ou dans l'adjectif numéral respectivement. On ne peut par conséquent définir systématiquement la distribution de l'ensemble des variantes dans les diverses classes nominales en fonction de la nature phonologique (ordre ou série articulatoire) de leur consonne initiale.

La distribution complémentaire des variantes dans l'adjectif est l'un des éléments ou l'élément qui permet de distinguer les classes 2 et 6, les classes 4, 5, 10 et 19, les classes 1, 3 et 14 (Cl. 11 est en principe identifiable dans le substantif par la marque *lénition* combinée avec la consonne initiale du lexème), les classes 1a, 8 et 9, de marques identiques dans le substantif.

Libreville, mai 1975.

2. NOTES SUR LA TONALITÉ DU NOM EN LAADI

par A.E. MEEUSSEN

Dans la riche collection de données bien ordonnées que comporte la grammaire[1] **laadi** de M. A. JACQUOT, on trouve un ensemble de formes qui, pour ce qui est de leur tonalité, offrent une diversité déconcertante. Il s'agit des substantifs, traités par l'auteur aux pages 182-192. A première vue, on dirait que tout, dans ces données, est imprévisible, et que l'on ne peut faire plus qu'énumérer ces formes une à une. Il semble cependant qu'une analyse appropriée fait apparaître des rapports qui permettent d'identifier des caractéristiques tonales essentielles appartenant aux thèmes des noms, et qui les différencient en types de tonalité, de sorte que la diversité observée s'interprète comme un ensemble d'alternances ayant un certain degré de cohésion et de plausibilité phonologique.

Les éléments du problème figurent dans le tableau de la dernière page de cet article, basé sur celui de la p. 183 de l'ouvrage de A. JACQUOT ; les formules sont remplacées ici par des formes[2] concrètes,

---

[1] *Etude descriptive de la langue laadi*, 1971. ORSTOM, Centre de Brazzaville ; ronéot., 306 pages.

[2] Je remercie M. A. JACQUOT qui m'a fourni des exemples supplémentaires en vue du présent exposé.

choisies autant que possible parmi celles qui comportent un thème canonique, -CVCV et -CVVCV.

Les formes de la série 3 sont différenciées, par le ton de la syllabe finale, en deux variétés, la première ayant un ton haut final, comme II ma-bilú (et de même pour les types III, IV, VI, VII, VIII). La deuxième, à ton final bas, se divise à son tour en deux sous-variétés, d'après que le ton bas final est précédé de ton bas ou de ton haut :

... BB	I	lu-poka,	bi-paaku
... HB	V		ma-gaála
	IX		ma-poóka

Nous pouvons considérer les tons relevés comme des caractéristiques essentielles de la partie finale des divers thèmes ; dans cette hypothèse nous aurons, comme thèmes partiellement définis :

I	-poka	-paaku
II	-bilú	
III	-ntombó	
IV	-mbulú	
V		-gaála
VI	-gatá	
VII		-koolá
VIII	-boté	-baasí
IX		-poóka

Face à ces différenciations localisées vers la fin du thème, la série 5 fait apparaître une caractéristique localisée au début du thème, en ce sens que quatre types ont, comme initiale du thème, un ton bas précédé de ton haut :

III	cí-ntombó	
V		má-gaála
VI	má-gata	
VII		bí-koolá

Le type VIII a, dans cette même série, un ton bas final précédé de ton haut :

VIII	bu-bóte	ma-baási

Ce ton haut, toujours suivi de ton bas, ne figure pas en série 3 ; nous l'appellerons "ton spécial".

Dans le cas du type VIII, au ton bas final précédé du ton spécial en série 5 correspond un ton haut de série 3 :

série 5 :	**-bốte**	série 3 :	**-boté**
	-baási		**-baasí**

Ce ton bas final peut donc s'interpréter comme n'étant dû qu'à la contrainte en vertu de laquelle une syllabe qui suit le ton spécial porte le ton bas, même si par ailleurs (en série 3) elle a un ton haut caractéristique.

On peut, par généralisation, étendre cette interprétation aux types qui ont le ton spécial en position préfixale (III, V, VI, VII). On dira alors que l'initiale de ces thèmes n'a le ton bas qu'en vertu de cette même contrainte, et que le ton caractéristique du début de ces thèmes est sur le même pied que la finale du type VIII (dont le ton caractéristique non soumis à contrainte s'observe en série 3 : **-boté, -baasí**). Or la syllabe initiale du thème est soumise en série 3 à une autre contrainte : le début du thème, de même que le préfixe, y est toujours à ton bas. Un ton haut caractéristique éventuel n'y est donc pas observable, mais on peut le poser sur la base du parallélisme avec le type VIII.

En combinant cette caractéristique avec celles obtenues en fin de thème, nous obtenons V **-gáála** et VII **-kóolá**, attestés comme tels en série 1, mais III ***-ńtombó** et VI ***-gátá**, obtenus par parallélisme.

Nous avons dès lors comme formes référentielles des thèmes :

I	**-poka**	**-paaku**
II	**-bilú**	
III	***-ńtombó**	
IV	**-mbulú**	
	-patá	
V		**-gáála**
VI	***-gátá**	
VII		**-kóolá**
VIII	**-boté**	**-baasí**
IX		**-poóka**

Ces deux critères ont laissé non différenciés les types II, IV et VIII, qui sont tous -BH. Remarquons que le type II (**-bilú**) offre une grande similitude avec le type IX (**-poóka**), en ce sens que les deux premières mores du thème (ainsi que le préfixe) ont le même ton dans les deux cas, à toutes les séries, la seule différence étant que le type IX a une syllabe (finale) de plus, toujours à ton bas. Ce rapport entre les deux types peut s'exprimer en posant face à IX **-poóka** (à -BHB) une forme référentielle II ***-bilú[u]** ou ***-bilú`** (également -BHB, mais à regroupement syllabique différent : -B͜HB pour IX, *-BH͜B pour II).

Quant au type IV (**-mbulú, -patá**), il se rapproche très fort du type VI (***-gátá**), et ne se distingue de lui que par le ton du préfixe en séries 1 et 5. En combinant toutes les données disponibles (ton haut final attesté en série 3, initiale N͜C dans deux cas sur quatre, ton bas de ce début de thème suggéré par la série 5, ressemblance avec le type VI ***-gátá**), on est amené à poser les formes ***-m̀búlú**, ***-`pátá**.

Les types à -BH sont par là différenciés en II ***-bilú`**, IV ***-`pátá** (**-mbúlú**), et VIII **-boté**.

Nous obtenons donc comme formes référentielles des thèmes pour les divers types de tonalité :

I	**-poka**		**-paaku**	-B..B
II	***-bilú`**			-BH`
III	***-ńtombó**			-ńBH
IV	***-m̀búlú**			-nHH
V			**-gáála**	-H͜HB
VI	***-gátá**	VII	**-kóolá**	-H..H
VIII	**-boté**		**-baasí**	-B..H
IX			**-poóka**	-B͜HB

Trois des formes opérationnelles figurent dans un type à inventaire très réduit (seul VI ***-gátá** est très fréquent), et d'autre part IX **-poóka** est le seul type non opérationnel qui soit très rare. Il y a donc une assez forte corrélation entre limitation en inventaire et caractère opérationnel.

En groupant les types majoritaires d'après leurs caractéristiques tonales nous aurons :

A	-poka	(= I)	B	
	-paaku			-gáála (= V)
C	-boté	(= VIII)	D	*-gátá (= VI)
	-baasí			-kóolá (= VII)

On voit la case vide en B.

Les types minoritaires sont :

∿ C : *ńtombó (= III)

∿ D : *mbúlú *-`pátá (= IV)

∿ C + B : *-bilú` (= II)

-poóka (= IX)

Les énoncés qu'il faudra formuler pour exprimer les rapports entre ces formes et les formes attestées sont relativement simples. Pour la série 3 l'essentiel s'énonce comme suit : à un ton haut de forme référentielle correspond un ton bas si un deuxième ton haut est présent dans le thème (ce qui se vérifie aux types III - VII). Quant à la série 6, il est plus simple de la rattacher à la série 3 qu'aux formes référentielles : il suffit de dire que 6 ne diffère de 3 que par la présence d'un ton haut préfixal.

Les séries 2 et 4 sont presque identiques, et sont caractérisées par la présence d'un ton haut qui requiert deux énoncés séparés :

1° si la forme référentielle a -BHB, le ton haut affectera le préfixe (types II et IX) ;

2° ailleurs, ce ton se trouvera sur la dernière voyelle d'une séquence initiale de syllabe à ton bas (en comptant à partir du proclitique). Nous aurons, en marquant d'un accent grave la syllabe en question, la progression suivante :

lu-pokà,	bi-paakù	I
bu-bòté,	ma-baàsí	VIII
	mà-gáála	V
*mà-gátá	bì-kóolá	VI, VII
*cì-ńtombó		III
*lù-mbúlú,	*dì-`pátá	IV

En outre, à une éventuelle more suivante à ton haut (de la forme référentielle) correspondra un ton bas (ce qui s'observe dans VIII, V, VII), de même qu'à un deuxième ton haut s'il est final et s'il suit immédiatement (ce qui vaut pour IV *di-` pátá, *lu-mbúlú, VI *ma-gátá).

Il y a une forme qui reste en marge : le type V en série 2 (ni magáála). Il vaudra mieux, en attendant plus d'informations, ne pas essayer de formuler ici ce rapport exceptionnel.

La série 1 se rattache plus facilement à la série 4 qu'aux formes référentielles : là où la série 4 a un préfixe à ton haut suivi de CV (NCV et`CV étant exclus), la série 1 voit ce ton haut reporté sur la syllabe initiale du thème :

	série 4	série 1
II	mábilú	mabílú
V	mágaála	magáála
VI	mágata	magáta
VII	bíkoolá	bikóolá
IX	mápoóka	mapóóka

(mais III cíntombó, IV lúmbulu)

En série 5, les conditions d'apparition du ton spécial sont très particulières. En effet, ce ton n'est clairement attesté qu'en V, VI, VII et VIII. Quant à III -a cíntombó, le ton haut du préfixe n'est pas nécessairement le ton spécial, étant donné qu'on peut l'attribuer tout aussi bien à la nasale initiale du thème *-ńtombó. Il reste donc V -gáála, VI *-gátá, VII -kóolá et VIII -boté, -baasí, qui sont toutes des formes -CV(V)CV à ton haut initial ou final, ou les deux. Sont exclus : I, qui n'a pas de ton haut, IX et II, dont le ton haut n'est ni initial ni final, et les types non canoniques qui n'ont autre chose que -CV(V)CV. Quant à la tonalité de ce qui suit le ton spécial, les énoncés formulés pour la série 4 sont en tout point valables pour la série 5.

Il est important de voir en quels termes les rapports entre les différentes formes ont été formulées. Alors que la mention des types (par chiffres arbitraires I, II, etc.) a pu être remplacée par la mention des caractéristiques des formes référentielles (p. ex. thème à haut début, types -BHB, etc.), la mention des séries est restée entièrement sans interprétation phonologique. On peut facilement poser des éléments rendant compte de la tonalité dans les diverses séries : un premier élément pour les séries 3 et 6, déterminant le ton bas initial du thème (et, de plus, une forme spéciale du proclitique de la série

6 donnant le ton haut du préfixe) et un deuxième pour les quatre séries restantes, où il détermine la présence du ton spécial. Dans la présente analyse nous nous abstenons de faire appel à ces deux éléments afin de ne pas multiplier les formes opérationnelles.

Signalons, en guise de conclusion, que les formes référentielles présentées ci-dessus, ainsi que les énoncés précisant les rapports entre les formes référentielles et les formes attestées sont sensiblement les mêmes dans les autres parlers kongo (**yombe, zombo, ntandu, yaka, suku**), bien que les formes attestées elles-mêmes soient très différentes.

	1	2	3	4	5	6
I	lupoká "corne" bipaakú "déchirures"	ni lupoká ni bipaakú	lupoka bipaaku	na lupoká na bipaakú	-a lupoka -a bipaaku	mu lúpoka mu bípaaku
II	mabílú "chenilles (*sp.*)"	ni mábilú	mabilú	na mábilú	-a mabilú	mu mábilú
III	címtombó "martin-pêcheur"	ni cíntombó	cintombó	na cíntombó	-a cíntombó	mu cíntombó
IV	dípata "jeu enfantin" lúmbulu "cynhyène, lycaon"	ni dípata ni lúmbulu	dipatá lumbulú	na dípata na lúmbulu	-a dipatá -a lumbulú	mu dípatá mu lúmbulú
V	magáála "fourches"	ni magáála	magaála	na mágaála	-a mágaála	mu mágaála
VI	magáta "villages"	ni mágata	magatá	na mágata	-a mágata	mu mágatá
VII	bikóolá "plantes (petites...)"	ni bíkoolá	bikoolá	na bíkoolá	-a bíkoolá	mu bíkoolá
VIII	bubóte "bonté" mabaási "calvitie"	ni bubóte ni mabaási	buboté mabaasí	na bubóte na mabaási	-a bubóte -a mabaási	mu búboté mu mábaasí
IX	mapóóka "abondance"	ni mápoóka	mapoóka	na mápoóka	-a mapoóka	mu mápoóka
	("c'est...")	"c'est ..."		"avec ..."	"de ..."	"avec ..."

3. LES SUFFIXES VERBAUX ET LES FINALES DE LA CONJUGAISON SIMPLE EN LAADI

par Claire GRÉGOIRE

1. Dans son *Etude descriptive de la langue laadi*[1], A. JACQUOT identifie les suffixes verbaux qui existent dans cette langue et analyse la manière dont ils se combinent avec les différents types de radicaux et avec les finales de la conjugaison[2]. La description qu'il donne est conforme aux perspectives théoriques définies par A. MARTINET dans les *Eléments de linguistique générale*[3]. Elle rend compte des faits en recourant à la seule comparaison des formes phonologiques et en excluant tout niveau linguistique plus abstrait.

L'auteur relève en laadi trente suffixes qui ne possèdent pas moins d'une centaine de variantes. Ces variantes apparaissent dans des contextes particuliers qu'il décrit cas par cas, en envisageant successivement tous les allomorphes attestés. Il procède de la même manière pour les finales ainsi que pour les radicaux dont le comportement n'est pas régulier.

---

[1] ORSTOM, Brazzaville, 1971.

[2] Conformément à la terminologie en usage dans la description des langues bantoues, nous appelons "suffixe verbal" tout morphème postposé au radical à l'exclusion du dernier qui porte le nom de "finale verbale".

[3] Paris, Colin, 1960.

2. Le présent article propose une analyse des mêmes données conçues selon des présupposés théoriques différents. Cette analyse admet qu'à un niveau linguistique abstrait, les lexèmes et les morphèmes ont une forme de base dont les modifications éventuelles sont régies par l'application de règles agissant en succession dans un ordre déterminé. Avant d'en commencer l'exposé, il convient d'attirer l'attention sur un certain nombre de points.

A part quelques données supplémentaires qui nous ont été obligeamment fournies par A. JACQUOT, la documentation utilisée est celle qui figure dans l'*Etude descriptive*. Elle est suffisamment riche pour avoir permis une recherche fructueuse mais, faute d'exemples adéquats, il n'a pas toujours été possible de donner une réponse aux questions nouvelles que soulevait une autre manière d'envisager les faits. De plus, la connaissance que l'on a des règles phonologiques du laadi est encore incomplète et il était impossible d'étendre les investigations à des domaines par trop différents de celui qui constitue la matière de cet article. Certains résultats ne sont donc formulés qu'à titre provisoire.

La conjugaison composée et la dérivation nominale déverbative ne sont pas envisagées. De même, les faits de tonalité ne sont pas traités car ils n'interviennent pas directement dans les mécanismes étudiés. On s'est borné à reproduire les tons des formes de surface tels qu'ils sont notés par JACQUOT, en économisant toutefois le signe par lequel il représente le ton bas.

Tous les types de radicaux ont été considérés, y compris les radicaux -C(V)V- et les radicaux -C(V)V(:)C- dont le comportement est exceptionnel, à l'exclusion pourtant de celui du verbe "aller" pour lequel il aurait fallu multiplier les règles *ad hoc*, ce qui a paru dépourvu d'intérêt.

De même, il sera question de toutes les finales et de tous les suffixes cités par JACQUOT, sauf du -i- "dynamique" et du -u- "statique" qui semblent apparaître le plus souvent dans des formes marquées par un redoublement ou constituées sur des idéophones. JACQUOT signale d'ailleurs ces deux suffixes à la p. 65 mais il les omet dans tous les autres passages où il traite des affixes verbaux.

3.0. On peut poser les formes de base suivantes :

3.1. Finales verbales : **-a, -i, -ili**

3.2. Suffixes verbaux :

1.	**-u-**	passif	14.	**-as-**	intensif
2.	**-il-**	applicatif	15.	**-ak-**	intensif
3.	**-ik-**	impositif	16.	**-at-**	itératif
4.	**-ik-**	neutre	17.	**-it-**	itératif
5.	**-is-**	causatif	18.	**-ut-**	itératif
6.	**-an-**	réciproque	19.	**-ub-**	duratif[4]
7.	**-uk-**	réversif intransitif	20.	**-um-**	
8.	**-ul-**	réversif transitif	21.	**-im-**	
9.	**-am-**	statif	22.	**-al-**	
10.	**-as-**	transitif	23.	**-in-**	
11.	**-un-**	privatif	24.	**-əŋg-**	intensif
12.	**-a:ŋg-**	répétitif	25.	**-əz-**	intensif
13.	**-a:k-**	habituel	26.	**-əmb-**	intensif

3.3. La forme superficielle des suffixes laadi est conditionnée par de nombreux facteurs et il est souvent possible d'interpréter les données de plusieurs manières différentes selon qu'on rattache telle forme phonologique à telle forme de base ou à telle autre. Les différences qui existent entre les identifications proposées ici et celles que propose JACQUOT apparaîtront surtout quand on exposera les règles qui permettent de passer des formes de base aux formes de surface et qu'on donnera des exemples de dérivation. Il n'est pas d'ailleurs utile de justifier cas par cas toutes les réinterprétations qui ont été faites, car la démarche explicative importe plus que la discussion des faits particuliers.

3.4. La terminologie qui sert à désigner les suffixes a été adaptée à celle dont on use habituellement dans la description des langues bantoues. Les suffixes qui portent les numéros 1 à 9 sont d'ailleurs

[4] JACQUOT relève une forme superficielle **-eb-** dont il ne sera pas question dans les pages qui suivent vu qu'elle n'est attestée que dans un seul exemple.

communs à de très nombreuses langues du domaine. Ceux qui portent les numéros 15 à 26 sont probablement moins productifs que les autres et ils semblent souvent constituer, avec les radicaux qu'ils accompagnent, des ensembles lexicaux passablement figés. Il y a parmi eux des suffixes dont la valeur expressive a été caractérisée approximativement par des termes comme "intensif", "itératif" ou "duratif". Par contre, les suffixes 20, 21, 22 et 23 ont une valeur sémantique peu distincte et il a paru préférable de ne leur accorder aucune dénomination, afin de ne pas préciser artificiellement ce que les données laissent dans l'incertitude.

3.5. D'après le type de contexte à l'intérieur duquel ils sont placés, les trois derniers suffixes ont une voyelle homophone à la voyelle qui suit ou à celle qui précède (*cf.* règle 1). On peut donc considérer que leur forme de base contient une voyelle indéterminée qui a été notée au moyen du signe ə. Pour être à première vue insolite, la solution qui consiste à poser des formes de base -əŋg-, -əmb- et -əz- permet d'échapper à l'obligation de formuler des règles très artificielles qu'il est impossible d'éviter si l'on introduit dans ces formes l'une des voyelles **i**, **a**, **u**. Il est intéressant de signaler que l'on pourrait ramener les suffixes **-it-**, **-ut-** à une forme unique **-ət-** et les suffixes **-im-**, **-um-** à une forme unique -əm-, ce qui aurait l'avantage de réduire le nombre des suffixes. Par contre, on doit alors admettre que la langue comporte plusieurs formes qui n'obéissent pas à la règle 1. Les deux solutions présentent donc des avantages et des inconvénients et il faudrait une documentation plus vaste pour choisir à coup sûr la plus économique.

3.6. Compte non tenu des distinctions qui sont prises en charge par la tonalité, toutes les finales de la conjugaison simple peuvent être produites à partir des formes de base **-a**,**-i** et **-ili**. La marque **-i** caractérise le participe et le potentiel ; la marque **-ili** caractérise différents temps du passé. Il est utile de noter que s'il a été possible de ne retenir que trois finales verbales au niveau des formes de base, c'est parce que le suffixe **-u-** du passif a été introduit d'autre part. Ce suffixe n'est pas identifié par JACQUOT, étant donné qu'en surface la conjugaison passive se distingue de la conjugaison active par l'emploi de finales qui comportent les voyelles **u** et **o** au lieu des voyelles **a**, **i**, **e**. Si l'on admet que le suffixe **-u-** existe à un niveau linguistique plus abstrait, il faut formuler une règle qui l'insère dans la forme verbale et dont l'énoncé est : *le suffixe passif* -u- *se place immédiatement avant la finale verbale.* Comme la comptabilité et l'ordonnance des suffixes ne sont pas envisagées ici, il est préférable de formuler cette règle dès maintenant : elle permet la constitution des formes auxquelles s'appliquent les règles qui régissent le traitement des suffixes et elle leur est dont antérieure.

4. A l'instar de la plupart des langues bantoues, le laadi possède des radicaux verbaux de type -C(V)V- auxquels il faut porter une attention spéciale. Il convient de déterminer la forme de base des infinitifs actifs constitués sur ces radicaux de manière telle qu'un nombre limité de règles admissibles permettent d'aboutir aux formes observées. On posera de la sorte :

ba-a	rester	bu-a	tomber
ta-a	dire	nu-a	boire
cia-a	cueillir	li-a	manger
sa-a	faire		

Quant aux radicaux de type -C(V)V(:)C- qui servent à constituer les infinitifs signifiant "voir", "finir", "porter", "rester", "attacher", "emmener", "blesser", on peut leur attribuer respectivement les formes de base **mon, man, nat, sa:l, ka:ŋg, tua:l, lua:l,** à condition d'indiquer qu'ils subissent la règle 3. Il faut en effet rendre compte du comportement particulier qu'ils ont au voisinage de certaines finales.

5. Vingt-trois règles sont nécessaires pour assurer le traitement des suffixes verbaux et des finales de la conjugaison simple en laadi. On pourrait estimer que ce nombre est assez élevé mais l'ensemble des faits envisagés est relativement vaste et il comporte des cas marginaux comme celui des radicaux -C(V)V- et celui des radicaux -C(V)V(:)C- qui présentent des irrégularités. Quel que soit le type d'approche utilisé, ces formes nécessitent la transcription de mécanismes qui leur sont propres. De plus, parmi les règles énoncées, il en est plusieurs qui régissent des processus phonologiques ou phonétiques généraux et ne sont en rien spécifique au microsystème étudié.

Dans l'exposé qui suit, les règles portent un numéro d'ordre qui détermine le moment de leur application éventuelle. Elles s'appliquent à une forme qui a subi des transformations régies par une règle portant un numéro d'ordre supérieur au sien. Afin de faciliter la lecture des exemples, chaque stade de la dérivation est précédé par une abréviation de type Rn qui indique le numéro de la règle qui le produit. Il a paru préférable de donner des dérivations complètes en signalant, au moyen de parenthèses, les parties où interviennent des règles qui n'ont pas encore été énoncées. Les formes de base sont placées entre barres droites, les formes de surface sont placées entre barres obliques.

Règle 1. *La voyelle* ə *d'un suffixe devient homophone à la voyelle du suffixe suivant et, s'il n'y a pas de suffixe suivant, elle devient homophone à la voyelle qui précède.*

Cette règle élimine la voyelle indéterminée des suffixes -əŋg-, -əz-, -əmb- au profit d'une voyelle qui appartient au système phonologique. On lui a attribué le numéro 1 dans la mesure où, s'il est possible de tolérer, dans les formes de base, une voyelle indéterminée notée ə, il convient de s'en débarrasser au plus tôt lorsqu'on aborde la dérivation de ces formes.

Exemples :

	|vind-əz-ul-a|		|deb-əz-ul-a|		|nuŋg-əz-an-a|
R 1	/vinduzulá/	R 1	deb-uz-ul-a	R 1	/nuŋgazaná/
	bien rouler	(R 20	/debozolá/)		bien chanceler
			pérorer		

	|tu-vul-əng-ili|		|kol-əmb-a|		|vind-əz-a|
R 1	/tuvuluŋgilí/	R 1	/kolombá/	R 1	/vindizá/
	nous laissions traîner un pan de pagne (*réc.*)		chicaner		bien enrouler

Règle 2. *La séquence* -u-ili *devient* -ilui

Exemples :

	|tu-jut-as-u-ili|		|tu-giuk-an-u-ili|
R 2	tu-jut-as-ilui	R 2	tu-giuk-an-ilui
(R 4	tu-jut-as-ui	(R 4	tu-giuk-an-ui
R 6	/tujutasú/	R 6	tu-giuk-an-u

R 15 /tujutusú/[5]
nous étions tirés fort (*réc.*)

R 15 /tugiukunú/
nous étions habitués (*réc.*)

Règle 3. *Lorsqu'elles les suivent immédiatement, les finales* **-ili, -ilui** *s'imbriquent avec les radicaux* **ka:ŋg, lua:l, sa:l, man, nat** *et* **mon** *ainsi qu'avec les suffixes* **-a:k-** *et* **-a:ŋg-**. *Leur voyelle initiale* **i** *se place avant la consonne finale de ces formes et le* **l** *qui se trouve dès lors après une consonne disparaît.*

Exemples :

|tu-kot-a:ŋg-ili|
R 3 tu-kot-a:iŋg-i
(R 8 tu-kot-e:ŋg-i
R 10 tu-kot-i:ŋg-i
R 20 /tukote:ŋgé/)
nous entrions régulièrement (*réc.*)

|tu-bu-a:k-ili|
R 3 tu-bu-a:ik-i
(R 8 tu-bu-e:k-i
R 10 tu-bu-i:k-i
R 19 /tubwi:kí/)
nous tombions habituellement (*réc.*)

|tu-ke:l-a:k-u-ili|
R 2 tu-ke:l-a:k-ilui
R 3 tu-ke:l-a:ik-ui
(R 6 tu-ke:l-a:ik-u
R 8 tu-ke:l-e:k-u
R 10 tu-ke:l-u:k-u
R 20 /tuke:lo:kó/)
nous étions attendus habituellement (*réc.*)

|tu-lu:ŋg-a:ŋg-u-ili|
R 2 tu-lu:ŋg-a:ŋg-ilui
R 3 tu-lu:ŋg-a:iŋg-ui
(R 6 tu-lu:ŋg-a:iŋg-u
R 8 tu-lu:ŋg-e:ŋg-u
R 10 /tulu:ŋguŋgú/)
nous étions embarrassés régulièrement (*réc.*)

|tu-ka:ŋg-ili|
R 3 tu-ka:iŋg-i
(R 8 /tuke:ŋgí/)[6]
nous attachions (*réc.*)

|tu-nat-ili|
R 3 tu-nait-i
(R 8 /tune:tí/)[6]
nous portions (*réc.*)

|tu-mon-ili|
R 3 tu-moin-i
(R 19 /tumwi:ní/)
nous voyions (*réc.*)

---

[5] L'application de la règle 15 étant, dans ce cas, facultative, les formes /tujutasú/ et /tujutusú/ existent en variantes.

[6] Ces formes, de même que la forme /tume:ní/ "nous finissions" sont exceptionnelles puisqu'elles comportent des voyelles non harmonisées (*Cf.* règle 20).

|tu-lua:l-ili|

R 3 tu-lua:il-i

(R 8 tu-lue:l-i

R 19 tu-lwe:l-i

R 20 /tulwe:lé/)

nous blessions (*réc.*)

|tu-tua:l-ili|

R 3 tu-tua:il-i

(R 8 tu-tue:l-i

R 19 tu-twe:l-i

R 20 /tutwe:lé/)

nous emmenions (*réc.*)

Règle 4. *La séquence* **il** *des finales* **-ili, -ilui** *s'amuit :*

a. *après le suffixe* **-im** *et les suffixes de type* **-aC-** *dont la consonne est différente de* **ŋg**.

b. *après un suffixe dont la consonne est une alvéolaire (***l, s, n, t***) lorsque ce suffixe suit un radical* -C(V)V(:)C- *éventuellement accompagné d'un suffixe différent de* **-um** *et* **-am-**.

Exemples :

a. |lu-cit-im-ili|

R 4 lu-cit-im-i

(R 9 /lucitimé/)

il se consumait (*réc.*)

|tu-kok-am-u-ili|

R 2 tu-kok-am-ilui

R 4 tu-kok-am-ui

(R 6 /tukokamú/

nous étions accrochés (*réc.*)

|tu-giak-əmb-ili|

R1 tu-giak-amb-ili

R4 tu-giak-amb-i

(R9 /tugiakambé/)

nous vagabondions (*réc.*)

Mais :

|tu-pa:t-əŋg-ili|

R 1 tu-pa:t-aŋg-ili

(R 22 /tupataŋgilí/)

nous barbotions (*réc.*)

b. |tu-niŋg-is-u-ili|

R 2 tu-niŋg-is-ilui

R 4 tu-niŋg-is-ui

(R 6 /tuniŋgisú/

R 15 /tuniŋgusú/)

nous étions secoués (*réc.*)

|tu-be:l-ul-ili|

R 4 tu-be:l-ul-i

(R 20 /tube:lolé/)

nous guérissions (*réc.*)

|tu-fuek-in-ili|

R 4 tu-fuek-in-i

(R 19 tu-fwek-in-i

R 20 /tufwekené/)

nous pleurnichions (*réc.*)

|tu-pfin-it-u-ili|

R 2 tu-pfin-it-ilui

R 4 tu-pfin-it-ui

(R 6 /tupfinitú/)

nous étions tenus à la gorge (*réc.*)

Mais :

|tu-kut-am-ul-ili|

R 16 tu-kut-um-ul-ili

R 21 /tukutumuniní/

nous dépliions (*réc.*)

|tu-ba-il-ili|

R 8 tu-be:l-ili

R 20 /tube:lelé/

nous restions à ... (*réc.*)

Règle 5. *La voyelle finale* -i *du potentiel devient* -e *après un radical de type* -C(V)V-.

Exemples :

|tu-li-i|

R 5 tu-li-e

(R 19 /túlye/

nous pouvons manger

|tu-nu-i|

R 5 tu-nu-e

(R 19 /túnwe/)

nous pouvons boire

|tu-ba-i|

R 5 tu-ba-e

(R 7 /túbe/)

nous pouvons rester

N.B. Il est nécessaire de préciser qu'il s'agit de la voyelle finale -i du potentiel car la règle ne s'applique pas à la voyelle finale -i du participe actif qui a du reste, sur plusieurs points, un comportement spécifique.

Exemple :

|nu-i|

(R 19 /nwì:/)

buvant

Règle 6. *La voyelle finale s'amuit après le suffixe passif* -u-.

Exemples :

|tu-jut-as-u-ili|

R 2 tu-jut-as-ilui

|kab-a:ŋg-u-a|

R 6 kab-a:ŋg-u

|nu-u-i|

R 6 nu-u

R 4 tu-jut-as-ui — (R 10 /kabu:ŋgú/) — (R 13 /nù:/)

R 6 /tujutasú/ — être partagé régulièrement — bu

nous étions tirés fort (*réc.*)

Règle 7. *La voyelle* **a** *qui termine un radical de type* -C(V)V- *s'amuit lorsqu'elle précède immédiatement une finale de type* -V.

Exemples :

|tu-ba-i|

R 5 tu-ba-e

R 7 /túbe/

nous pouvons rester

|sa-a|

R 7 /sá/

faire

|ba-a|

R 7 /bá/

rester

|ta-a|

R 7 /tá/

dire

Règle 8. *Les séquences* **a: + i** *et* **a + i** *deviennent* **e:**, *sauf quand elles suivent immédiatement une consonne* **s** *située à l'intérieur d'un radical, auquel cas elles deviennent* **i:**.

Exemples :

|tu-ba-il-ili|

R 8 tu-be:l-ili

(R 20 /tube:lelé/

nous restions à ... (*réc.*)

|tu-man-ili|

R 3 tu-main-i

R 8 /tume:ní/

nous finissions (*réc.*)

|tu-ka:ŋg-ili|

R 3 tu-ka:iŋg-i

R 8 /tuke:ŋgí/

nous attachions (*réc.*)

|tu-lua:l-ili|

R 3 tu-lua:il-i

R 8 tu-lue:l-i

(R 19 tu-lwe:l-i

R 20 /tulwe:lé/)

nous blessions (*réc.*)

|tu-bu-a:k-ili|

R 3 tu-bu-a:ik-i

R 8 tu-bu-e:k-i

(R 10 tu-bu-i:k-i

R 19 /tubwi:kí/)

nous tombions habituellement (*réc.*)

Mais :

|tu-sa:l-ili|

R 3 tu-sa:il-i

R 8 /tusi:lí/

nous restions (*réc.*)

|sa-il-a|

R 8 /si:lá/

faire pour...

Règle 9. *A l'exception de celui qui constitue la marque du participe actif, un* **-i** *final devient* **-e** *après le suffixe* **-im-** *ainsi qu'après un suffixe de type* **-a(:)C-** *éventuellement suivi de* **-e:ŋg-** *ou* **-e:k-**.

Exemples :

|lu-cit-im-ili|

R 4 lu-cit-im-i

R 9 /lucitimé/

il se consumait (*réc.*)

|tu-be:t-as-ili|

R 4 tu-be:t-as-i

R 9 /tube:tasé/

nous heurtions (*réc.*)

|tu-kok-am-i|

R 9 /tukókame/

nous pouvons nous accrocher

|tu-kab-a:ŋg-i|

R 9 tu-kab-a:ŋg-e

(R 10/tukábe:ŋge/

nous pouvons partager régulièrement

|tu-zak-al-a:k-ili|

R 3 tu-zak-al-a:ik-i

R 8 tu-zak-al-e:k-i

R 9 /tuzakale:ké/

nous nous asseyions habituellement (*réc.*)

Mais :

|kab-a:k-i|

/kaba:kí/

partageant habituellement

|kab-a:ŋg-i|

/kaba:ŋgí/

partageant régulièrement

Règle 10. *La voyelle longue des suffixes de type* -V:k *et* -V:ŋg- *devient homophone à la voyelle finale qui suit immédiatement ces suffixes, sauf quand la voyelle finale est le* -i *du participe actif.*

Exemples :

|tu-li-a:ŋg-ili|

R 3 tu-li-a:iŋg-i

R 8 tu-li-e:ŋg-i

R 10 tu-li-i:ŋg-i

(R 11/tuli:ŋgí/

nous mangions régulièrement (*réc.*)

|tu-kab-a:ŋg-i|

R 9 tu-kab-a:ŋg-e

R 10 /tukábe:ŋge/

nous pouvons partager régulièrement

|kab-a:k-u-a|

R 6 kab-a:k-u

R 10 /kabu:kú/

être partagé habituellement

|ko:nd-a:ŋg-u-a|

R 6 ko:nd-a:ŋg-u

R 10 ko:nd-u:ŋg-u

(R 20 /ko:ndo:ŋgó/)

être insuffisant régulièrement

|tu-lu:ŋg-a:ŋg-u-ili|

R 2 tu-lu:ŋg-a:ŋg-ilui

R 3 tu-lu:ŋg-a:iŋg-ui

R 6 tu-lu:ŋg-a:iŋg-u

R 8 tu-lu:ŋg-e:ŋg-ú

R 10 /tulu:ŋgu:ŋgu/

nous étions embarrassés régulièrement (*réc.*)

Mais :

|kab-a:k-i|

/kaba:kí/

partageant habituellement

|kab-a:ŋg-i|

/kaba:ŋgí/

partageant régulièrement

|tu-ka:ŋg-ili|[7]

R 3 tu-ka:iŋg-i

R 8 /tuke:ŋgí/

nous attachions (*réc.*)

Règle 11. *La voyelle qui termine un radical de type* -C(V)V- *se contracte avec une voyelle longue homophone appartenant à un suffixe qui suit.*

Exemples :

|tu-li-a:ŋg-ili|

tu-li-a:iŋg-i

tu-li-e:ŋg-i

tu-li-i:ŋg-i

/tuli:ŋgí/

nous mangions régulièrement (*réc.*)

|ba-a:ŋg-a|

R 11 /be:ŋgá/

rester régulièrement

Règle 12. *Les consonnes* k *et* ŋg *peuvent s'amuir lorsqu'elles se trouvent entre deux voyelles homophones dont la première est longue et dont la seconde est brève et finale.*

[7] La règle 10 ne s'applique pas à cette forme puisque la consonne ŋg qu'elle comporte appartient au radical et non à un suffixe.

Exemples :

	|tu-bu-a:k-ili|		|ko:nd-a:k-u-a|
R 3	tu-bu-a:ik-i	R 6	ko:nd-a:k-u
R 8	tu-bu-e:k-i	R 10	ko:nd-u:k-u
R 10	tu-bu-i:k-i	R 12	ko:nd-u:u ou ko:nd-u:k-u
R 12	tu-bu-i:i ou tu-bu-i:k-i	(R 13	ko:nd-u:
(R 13	tu-bu-i:	R 20	/ko:ndò:́/ ou /ko:ndo:kó/) être insuffisant habituellement
R 19	/tubwì:́/ ou /tubwi:kí/) nous tombions habituellement (*réc.*)		

Règle 13. *Deux voyelles homophones placées en séquence se contractent en une voyelle longue.*

Exemples :

	|nu-u-i|		|li-is-a|		|tu-kab-a:ŋǵ-i|
R 6	nu-u	R 13	/li:sá/ faire manger	R 9	tu-kab-a:ŋg-e
R 13	/nù:́/ bu			R 10	/tukábe:ŋge/
				R 12	tu-kab-e:e
				R 13	/tu-kábe:/ nous pouvons partager habituellement

Règle 14. *La suite de suffixes* -ul-is- *devient* -us-

Exemples :

	|ku-nio:ŋg-ul-is-ili|		|giuk-ul-is-u-a|
R 4	ku-nio:ŋg-ul-is-i	R 6	giuk-ul-is-u
R 14	ku-nio:ŋg-us-i	R 14	/giukusú/ habituer, faire s'habituer
(R 20	/kunioŋgosé/ cela grouillait (*réc.*)		

	|tu-ful-ul-is-ili|		|fuŋg-ul-is-a|
R 4	tu-ful-ul-is-i	R 14	fuŋgusá
R 14	tufulusí		faire avouer
	nous remplissions (*réc.*)		

Règle 15. *Les voyelles* **a** *et* **i** *deviennent* **u** *lorsqu'elles sont suivies d'une consonne* **l**, **s**, **n**, **k** *et d'une voyelle finale* **-u**. *La règle est cependant facultative pour ce qui est des suffixes* **-is-** *et* **-as-** *(intensif).*

Exemples :

	|zol-as-an-u-a|		|tu-giuk-an-u-ili|		|ko:nd-il-u-a|
R 6	zol-as-an-u	R 2	tu-giuk-an-ilui	R 6	ko:nd-il-u
R 15	zol-as-un-u	R 4	tu-giuk-an-ui	R 15	ko:nd-ul-u
(R 16	/zol-us-un-u/)	R 6	tu-giuk-an-u	(R 20	/ko:ndoló/)
R 20	/zolosonó/	R 15	/tugiukunú/		être insuffisant pour ...
	s'aimer		nous étions habitués (*réc.*)		

	|mon-ik-u-a|		|tu-niŋg-is-u-ili|		|tu-jut-as-u-ili|
R 6	mon-ik-u	R 2	tu-niŋg-is-ilui	R 2	tu-jut-as-ilui
R 15	mon-uk-u	R 4	tu-niŋg-is-ui	R 4	tu-jut-as-ui
(R 20	/monokó/)	R 6	/tuniŋgisú/	R 6	/tujutasú/
	être apparu	R 15	/tuniŋgusú/	R 15	/tujutusú/
			nous étions secoués (*réc.*)		nous étions tirés fort (*réc.*)

N.B. La règle précédente a été formulée de manière générale quoique la documentation ne fournisse aucun exemple pour ce qui est des suffixes **-al-**, **-ak-**, **-in-**. Une vérification supplémentaire serait donc nécessaire pour s'assurer que ces trois suffixes ne se comportent pas de façon différente.

Règle 16. *La voyelle* **a** *des suffixes* **-am-** *et* **-as-** *(transitif) de même que la voyelle* **i** *du suffixe* **-in-** *deviennent* **u** *lorsque ces suffixes sont suivis d'un suffixe de type* **-uC-**. *La même règle s'applique facultativement à la voyelle* **i** *des suffixes* **-is-** *et* **-im-**.

|tu-zol-as-an-u-ilui|

R 2 tu-zol-as-an-ilui-

R 4 tu-zol-as-an-ui

R 6 tu-zol-as-an-u

R 15 tu-zol-as-un-u

R 16 tu-zol-us-un-u

(R 20 /tuzolosonó/)
nous nous aimions
(réc.)

|kon-in-ik-u-i|

R 6 kon-in-ik-u

R 15 kon-in-uk-u

R 16 kon-un-uk-u

(R 20 /kononokó/)
roulé en boule

|kul-am-ul-a|

R 16 kul-um-ul-a

(R 20 /kulumuná/)
diminuer

|kel-im-uk-a|

R 16 kel-um-ul-a ou kel-im-uk-a

(R 20 /kelomoká/ ou /kelemoká/)
sourdre

|tu-gieb-is-il-u-ili|

R 2 tu-gieb-is-il-ilui

R 4 tu-gieb-is-il-ui

R 6 tu-gieb-is-il-u

R 15 tu-gieb-is-ul-u

R 16 tu-gieb-us-ul-u ou tu-gieb-is-ul-u

(R 20 /tugiebosoló/ ou /tugiebesoló/)
nous nous étions baignés à... *(réc.)*

Règle 17. *La voyelle* **i** *du suffixe* **-il-** *devient* **a** *après un suffixe de type* **-aC-**.

Exemples :

|tu-lamb-al-il-ili|

R 4 tu-lamb-al-il-i

R 17 /tulambalalí/
nous nous couchions sur *(réc.)*

|kol-am-il-a|

R 17 kol-am-al-a

(R 21/kolamaná/)
désobéir a ...

|zak-al-il-a|

R 17/zakalalá/
s'asseoir à ...

Règle 18. *La voyelle* **a** *des suffixes* **-al-** *et* **-am-** *devient* **i** *lorsque ces suffixes sont placés devant le suffixe* **-ik-**. *La même règle s'applique facultativement à la voyelle* **a** *du suffixe* **-al-** *placé devant le suffixe* **-is-**.

Exemples :

	|**tu-bvuat-am-ik-ili**|		|**lamb-al-ik-a**|		|**zak-al-is-a**|
R 18	**tu-bvuat-im-ik-ili**	R 18	**/lambiliká/**		**/zakalisá/**
(R 19	**tu-bvwat-im-ik-ili**		étendre, coucher	R 18	**/zakilisá/**
R 21	**/tubvwatimikiní/)**				faire asseoir
	nous enfoncions une coiffure (*réc.*)				

Règle 19. *Placées devant une voyelle qui ne leur est pas homophone, les voyelles* **i** *d'une part et* **o**, **u** *d'autre part se semivocalisent respectivement en* **y** *et* **w**. *La semivocalisation entraîne l'allongement de la seconde voyelle quand elle est brève et d'aperture minimale.*

Exemples :

	|**nu-a**|		|**tu-li-i**|		|**nu-i**|		|**li-u-i**|
R 19	**/nwà́/**	R 5	**tu-li-e**	R 19	**/nwì́:/**	R 6	**li-u**
	boire	R 19	**/túlye/**		buvant	R 19	**/lyù́:/**
			nous pouvons manger				mangé

	|**tu-bu-is-ili**|		|**tu-nu-a**|		|**tu-nu-ili**|
R 19	**/tubwi:silí/**	R 19	**/tunwa/**	R 19	**tu-nwi:li**
	nous faisions tomber (*réc.*)		que nous buvions	R 21	**/tunwì́:ní/**
					nous buvions longuement (*permansif*)

Règle 20. *A l'exception de la voyelle finale* **-i** *du participe actif et de la voyelle finale* **-i** *située après les formes* **ke:ŋg**, **me:n** *et* **ne:t**, *les voyelles* **i** *et* **u** *qui suivent une voyelle* **e** *ou* **o** *sans en être séparées par une voyelle* **a** *deviennent respectivement* **e** *et* **o**.

Exemples :

|tu-ba-il-ili|		|tu-mon-is-ili|
R 8	tu-be:l-ili	R 4	tu-mon-is-i
R 20	/tube:lelé/ nous restions (*réc.*)	R 20	/tumonesé/ nous faisions voir (*réc.*)
	|kes-is-u-a|		|tu-kel-il-il-ili|
R 6	kes-is-u	R 4	tu-kel-il-il-i
R 15	kes-us-u ou kes-is-u	R 20	/tukelelelé/ nous souhaitions malchance à... pour ... (*réc.*)
R 20	/kesosó/ ou /kesesó/ se faire circoncire		

Mais :

|kok-i|		|tu-man-ili|		|tu-kok-am-u-ili|
/kokí/ ramassant	R 3	tu-main-i	R 2	tu-kok-am-ilui
	R 8	/tume:ní/ nous finissions (*réc.*)	R 4	tu-kok-am-ui
			R 6	/tukokamú/ nous étions accrochés (*réc.*)

Règle 21. *Toute consonne* l *qui suit une consonne* n *ou* m *devient* n.

Exemples :

|kol-am-il-a|		|lenz-al-ak-an-il-a|
R 17	/kol-am-al-a/	R 17	lenz-al-ak-an-al-a
R 21	/kolamaná/ désobéir à...	R 21	/lenzalakananá/ s'affaiblir pour ...
	|nu-il-is-a:k-a|		|tu-nu-ili|
R 19	nwi:l-is-a:k-a		tu-nwi:li
R 21	/nwi:nisa:ká/ faire boire habituellement à ...	R 21	/túnwi:ni/ nous buvions réellement (*réel*)

Règle 22. *La voyelle longue d'un radical de type* -C(V)V:C- *dont les deux consonnes diffèrent par le mode et le point d'articulation devient brève lorsque le radical est suivi des suffixes de type* -Vt-*,* -Vŋg *et* -Vz-.

Exemples :

	|ku:m-at-a|		|bo:t-əŋg-a|		|le:ŋg-əz-a|
R 22	/kumatá/	R 1	bo:t-oŋg-a	R 1	le:ŋg-ez-a
	frapper de coups bruyants	R 22	/botoŋgá/	R 22	/leŋgezá/
			écraser en frappant		s'épuiser

Mais :

|fu:mf-ut-a|

/fu:mfutá/

se répandre partout

N.B. La formulation de cette règle a été partiellement reprise à JACQUOT (*cf.* p.88). Elle est peut-être trop générale car, dans les exemples disponibles, l'abrègement n'est attesté que devant les suffixes -it-, -ut-, -at-, -iŋg-, -eŋg-, -oŋg-, -az- et -ez-.

Règle 23. *Une voyelle longue devient brève lorsqu'elle est suivie d'au moins trois syllabes brèves placées en séquence.*

Exemples :

	|su:mb-is-il-a|		|nu-il-il-is-a|
R 23	/sumbisilá/	R 19	nwi:l-il-is-a
	faire acheter à ...	R 21	nwi:n-in-is-a
		R 23	/nwininisá/
			faire boire à... pour ...

Mais :

|su:mb-is-il-a:k-a|

/su:mbisila:ká/

faire acheter habituellement à...

N.B. Les données disponibles ne permettent pas d'expliquer les formes /tubwi:silílí/ "nous faisions tomber à... (*réc.*)" et /tube:lokelé/ "nous étions guéris (*réc.*)" qui sont citées respectivement aux pp.142 et 143 de l'*Etude descriptive*. Si elles ne comportent aucune erreur de notation, ces formes font exception à la règle 23. Toutefois, les exemples dans lesquels l'abrègement de la voyelle est attestée sont toujours des infinitifs et, même si JACQUOT ne mentionne aucune restriction à la règle qu'il énonce à la p.87, on peut se demander si, telle qu'elle figure ici, la règle 23 n'est pas formulée de manière trop générale. Un supplément d'enquête serait nécessaire à ce sujet.

6.0. Les finales et les suffixes verbaux du laadi subissent un conditionnement morphologique qui résulte de l'influence simultanée de facteurs très divers. Quel que soit le type d'approche utilisé, la description à laquelle on aboutit reflète une situation linguistique qui ne se laisse pas systématiser de manière simple et elle présente donc un certain degré de complexité. Il semble pourtant que les présupposés théoriques qui régissent l'analyse de JACQUOT mènent à un exposé qui se caractérise par une systématisation très réduite et par un fractionnement qui oblitère les mécanismes généraux qu'une approche différente permet de déceler. Comme une discussion détaillée serait fastidieuse, nous tenterons de montrer brièvement, par quelques exemples significatifs, l'avantage qu'il y a à procéder en posant un ensemble de formes de base et en élaborant un jeu de règles ordonnées.

6.1. Pour ce qui est des suffixes répétitif et habituel, la règle 10 établit l'homophonie de la voyelle longue qui précède les consonnes ŋg et k avec la voyelle finale qui suit immédiatement. Cette règle correspond à un fait directement observable mais elle n'est cependant pas formulée telle quelle par JACQUOT qui décrit successivement la distribution des variantes -i:k-, -e:k-, -u:k-, -o:k- et -a:k-, en signalant que la distribution des variantes -i:ŋg-, -e:ŋg-, -u:ŋg-, -o:ŋg-, et -a:ŋg- est identique. Certes, la règle d'homophonie ne fonctionne pas quand la finale est la voyelle -i qui constitue la marque du participe actif, mais le comportement particulier de cette finale, qui se définit non seulement par rapport à la règle 10 mais encore par rapport aux règles 5, 9 et 20, peut être considéré à son tour comme une caractéristique du système, ce qui n'apparaît pas à la lecture de l'*Etude descriptive*.

6.2. La règle 19 permet de traiter simultanément la majorité des cas où les suffixes et les finales présentent une voyelle d'aperture moyenne. Dans l'ouvrage de JACQUOT, ces cas sont traités un à un et ils le sont séparément selon qu'il s'agit de suffixes ou de finales. La formulation de cette règle correspond donc à une économie manifeste et elle met en lumière un trait important du système laadi, qui se retrouve d'ailleurs dans un bon nombre de langues bantoues. La même chose peut être dite de la règle 20 qui résout en une phrase le problème que pose l'alternance l/n tant à l'intérieur des suffixes qu'à l'intérieur des finales.

6.3. En introduisant le suffixe passif -u-, on établit un lien morphologique, au niveau des formes de base, entre les finales de la conjugaison active et celles de la conjugaison passive. On est alors autorisé à envisager ces finales conjointement, au lieu d'être amené à répéter pour les secondes ce qui a été dit des premières. L'avantage qu'il y a à procéder de la sorte est surtout tangible pour les finales **-ili**, **-ulu** et leurs variantes **-i**, **-e**, **-u**, **-o** dont le conditionnement paraît extrêmement compliqué dans l'approche de JACQUOT alors que dans celle qui a été exposée plus haut, il suffit des règles 3 et 4 pour en définir les mécanismes essentiels. Certes, d'après l'application de ces règles, divers aménagements sont encore nécessaires pour aboutir aux formes de surface mais aucun d'eux n'est spécifique à ces finales et il s'agit toujours de processus dont le champ d'application est plus vaste. En outre, l'introduction du suffixe **-u-** incite à accorder à ce seul suffixe la fonction d'exprimer l'opposition de voix par sa présence ou son absence et à abandonner, par conséquent, une série de distinctions établies par JACQUOT comme, par exemple, celle qu'il pose entre un causatif actif et un causatif passif ou entre un appliatif actif et un appliatif passif. Ces distinctions alourdissent la définition des suffixes et elles ne correspondent à aucune alternance sémantique régulière. La critique peut d'ailleurs être étendue à la notion de suffixe moyen dont le contenu est encore moins nettement défini et qu'il y a sans nul doute intérêt à exclure de la description. A titre d'argument supplémentaire, on pourrait noter que les suffixes définis par JACQUOT comme appliatif passifs ou moyens n'ont jamais le moindre sens applicatif et qu'il est donc de toute manière préférable de leur accorder une dénomination différente. Une telle attitude est possible et elle aboutit à une description qui est à la fois plus rigoureuse et plus simple.

6.4. Enfin, dans la mesure où elle permet de dégager des généralités, une analyse qui procède au moyen de règles montre également quels sont les types de mécanismes utilisés par le système dans la constitution des formes de surface. Si l'on examine les règles proposées, il apparaît ainsi que le laadi emploie l'imbrication dans quelques cas dont plusieurs sont des cas marginaux mais qu'il emploie l'assimilation de manière très régulière. Pour ce qui est des consonnes, seule l'assimilation progressive est attestée, alors que la nature des voyelles est soumise aussi bien à l'assimilation progressive qu'à l'assimilation régressive, ce qui explique en grande partie la complexité du conditionnement morphologique des suffixes verbaux. Jointe à d'autres remarques qu'une étude complète de la langue ne manquerait pas de susciter, une observation de ce genre serait intéressante puisqu'elle contribuerait à caractériser le laadi tant en lui-même que par rapport à d'autres parlers kongo ou par rapport à des langues bantoues qui appartiennent à des groupes différents.

6.5. Il va de soi que le présent article n'envisage pas de manière exhaustive l'ensemble des solutions que l'on peut apporter aux problèmes que soulèvent les faits étudiés. Pour ce qui est des suffixes **-əŋg-**, **-əmb-** et **-əz-**, la proposition qui a été faite consiste à admettre que leur forme de base comporte une voyelle indéterminée et à noter conventionnellement cette voyelle au moyen du signe ə. Il n'est pourtant pas exclu qu'une étude plus complète du laadi conduise à introduire, à un niveau abstrait, une sixième voyelle ə ou une voyelle sous-spécifiée qui représenterait un archiphonème vocalique réalisé par l'une des voyelles **i**, **e**, **u**, **o**, **a** au niveau phonologique.

D'autre part, il est gênant de constater que la règle 3 par exemple comporte une énumération de lexèmes, ce qui la rend irréductible à toute tentative de formalisation. Cet inconvénient pourrait être évité en conférant, aux formes de base des radicaux en question, un trait particulier dont l'existence serait présentée ultérieurement comme une condition d'entourage nécessaire pour que la règle 3 s'applique. Une autre solution possible serait de noter, dans le lexique, que ces sept radicaux subissent l'imbrication en leur adjoignant la mention [+ règle 3]. Dans cette perspective, il faudrait en outre adjoindre la mention [- règle 20] aux radicaux **ka:ŋg**, **man** et **nat** puisqu'ils réagissent de manière exceptionnelle en refusant l'harmonisation de la voyelle finale. De même, la difficulté qui résulte du fait que les finales **-i** du participe et du potentiel ne se comportent pas de la même manière pourrait être résolue soit en leur conférant des formes de base différentes soit en adjoignant au **-i** du participe la mention [- règles 5, 9, 10 et 20]. Toutes ces solutions auraient l'avantage d'alléger considérablement la formulation des règles. A l'heure actuelle, il est sans doute prématuré de choisir entre elles puisqu'on ne peut prévoir comment elles s'intégreraient dans la description générale du système mais, en testant leur valeur respective, on approfondirait certainement la connaissance que l'on a du laadi et, à ce titre, il était utile de les évoquer brièvement.

TABLE DES MATIÈRES

PUBLICATIONS DE LA SELAF

Bibliothèque de la SELAF

Les Années 1967 et 1968 sont parues sous le titre "Bulletin de la SELAF".

Année 1967

1. Gladys GUARISMA
   Esquisse phonologique du bafia (langue bantoue du Cameroun méridional) - *2e édition*
2. Marcel GROSS
   Essai pour une phonologie du baule (langue kwa de Côte d'Ivoire) - *2e édition.*
3. France CLOAREC-HEISS
   Essai de phonologie du parler banda-linda de Ippy (langue du sous-groupe Oriental du groupe Adamawa-Oriental, famille Niger-Congo, parlée en République Centrafricaine) - *2e édition.*
4. Nicole TERSIS
   Essai pour une phonologie du gurma. Lexique gurma-français (langue gur du Nord-Togo) - *2e édition.*

Année 1968

5. Claude HAGEGE
   Description phonologique du mbum (langue du groupe Adamawa, famille Niger-Congo, parlée au Cameroun centre-ouest) - *2e édition.*
6. Suzanne PLATIEL
   Esquisse d'une étude du musey (langue des confins tchado-camerounais, famille Tchado-hamitique) - *2e édition.*
7. Marie-Paule FERRY
   Deux langues tenda du Sénégal, basari et bedik (groupe de l'Ouest-Atlantique, famille Niger-Congo) - *2e édition.*

8. Jean-Pierre CAPRILE

Essai de phonologie du mbay. Emprunts arabes en mbay (langue sara, groupe Soudanais-Central, famille Nilo-Saharienne, parlée aux confins du Tchad et de la République Centrafricaine) - *2ᵉ édition.*

9. Paulette ROULON

Essai d'une phonologie du tyembara (dialecte sénoufo) - (langue gur de Côte d'Ivoire) - *2ᵉ édition.*

10. Nicole TERSIS

Le parler dendi : phonologie, lexique, emprunts (langue véhiculaire nilo-saharienne du groupe songhai, parlée aux confins du Niger, du Dahomey et du Nigéria) - *2ᵉ édition.*

Depuis 1969, nos publications portent le titre "Bibliothèque de la SELAF", sous lequel sont déjà parus :

Année 1969

11. Claude HAGEGE

Esquisse linguistique du tikar (Cameroun)— (famille Niger-Congo , groupe Bénoué-Congo, sous-groupe Bantoïde).

12 - 13. Gabriel MANESSY

Les langues gurunsi. Essai d'application de la méthode comparative à un groupe de langues voltaïques.

14. France CLOAREC-HEISS

I. Banda-linda de Ippy. Phonologie. Dérivation et composition - *II. Les modalités personnelles dans quelques langues oubanguiennes (discours direct* — *discours indirect)* — (banda, manza, ngbaka et gbandili du sous-groupe Oriental d'Adamawa Oriental, famille Niger-Congo).

15. Gladys GUARISMA

Etudes bafia : Phonologie. Classes d'accord. Lexique bafia-français (langue bantoue du Cameroun).

16. Geneviève CALAME-GRIAULE (éditeur)

Le thème de l'arbre dans les contes africains, I. - *2ᵉ édition.*
Introduction, par Geneviève CALAME-GRIAULE
I. L'arbre au trésor, par Geneviève CALAME-GRIAULE
II. L'arbre oven, par Louis MALLART-GUIMERA
III. Dialectique de la vie et de la mort autour de l'arbre dans les contes haïtiens, par Laënnec HURBON

Année 1970

17. Geneviève N'DIAYE-CORREARD

Etudes fca ou balante (dialecte ganja). Système des classes nominales. Lexique fca-français. Textes : I. Travaux et coutumes. II. Histoire. (langue du groupe Atlantique Occidental de la famille Niger-Congo).

18 - 19. Claude HAGEGE

Le mbum de Nganha (Cameroun). Phonologie. Grammaire. (langue du sous-groupe Adamawa, groupe Adamawa-Oriental, famille Niger-Congo).

20. Geneviève CALAME-GRIAULE (éditeur)

Le thème de l'arbre dans les contes africains, II.
Introduction, par Geneviève CALAME-GRIAULE
I. L'arbre justicier, par Veronika GÖRÖG-KARADY
II. L'arbre et le mariage, par Assia POPOVA
III. L'arbre ancestral, par John D. STUDSTILL

21 - 22. Simha AROM

Conte et chantefables ngbaka-ma'bo (République Centrafricaine) - I. Textes, II. Disques (8 textes avec traduction mot à mot et traduc - tion intelligible, notes linguistiques et ethnographiques, commentaires, transcription musicale des chants de chantefables et enregistrement intégral des textes et chants).

Année 1971

23 - 24. Marcel VAN SPAANDONCK

L'analyse morphotonologique dans les langues bantoues (Identification des morphotonèmes et description de leurs représentations tonologiques), traduit du néerlandais et préfacé par Luc BOUQUIAUX.

25. ETUDES BANTOUES

I. Devinettes laadi annotées (République du Congo-Brazzaville), par André JACQUOT
II. Esquisse phonologique du duala (République Fédérale du Cameroun), par Christiane PAULIAN
III. Notes linguistiques gbaya (langue Adamawa-Oriental, famille Niger-Congo) :
- *Rapport sur la phonologie d'un dialecte gbaya : le gbaya-'bodoe du groupe kaka,* par Paulette ROULON
- *Note sur la phonologie d'un dialecte gbaya de Berbérati,* par Yves MONINO
- *Esquisse d'une dialectologie gbaya,* par Yves MONINO

IV. Comptes rendus et résumés d'ouvrages et d'articles adressés à la SELAF en 1971.

26. Jean-Pierre CAPRILE

La dénomination des couleurs chez les Mbay de Moissala (une ethnie sara du sud du Tchad).

Notes linguistiques

Littérature orale (Activités d'un groupe d'études de l'ERA 246 du CNRS, Responsable P.F. LACROIX).
Langages et cultures (Activités d'un groupe d'études de l'ERA 246 du CNRS, Responsable P.F. LACROIX).
Problèmes théoriques et méthodologiques en description (Activitésdu groupe d'études de l'ER 74 du CNRS, pendant l'année universitaire 1969-70, Responsable Jacqueline M.C. THOMAS).
Tons, catégories grammaticales et syntagmatique (Activités du groupe d'études de l'ER 74 du CNRS, pendant l'année universitaire 1970-71, Responsable Jacqueline M.C. THOMAS).

27 - 28. Gisèle DUCOS
Structure du badiaranke de Guinée et du Sénégal (Phonologie, Syntaxe) - (langue du groupe Atlantique Occidental, famille Niger-Congo).

Année 1972

29. Pierre-Francis LACROIX
L'expression du temps dans quelques langues de l'Ouest africain. Etudes lexicales.
I. L'expression du temps en dogon de Sanga, par Geneviève CALAME-GRIAULE.
II. L'expression du temps chez les Bedik et les Basari du Sénégal oriental, par Marie-Paule FERRY.

III. Eléments d'analyse de la notion de temps dans la langue des Peuls du Niger, par Christiane SEYDOU.
IV. La division du temps chez les Peuls de l'Adamawa, par Pierre-Francis LACROIX.
V. Schéma d'analyse socio-linguistique de la notion de temps chez les Tyokossi, par Diana REY-HULMAN.
VI. L'expression du temps en samo, par Suzanne PLATIEL.

30. Anne RETEL-LAURENTIN et S. HORVATH
Les noms de naissance. Indicateurs de la situation familiale en Afrique Noire.

31. Yves MONINO et Paulette ROULON
Phonologie du gbaya-kara 'bodoe de Ndongue-Bongowen (Région de Bouar, R.C.A.) - (langue oubanguienne)

32. Johannes ITTMANN
Esquisse de la langue de l'association cultuelle des Nymphes au bord du Mont Cameroun. Notes linguistiques + Comptes rendus.

33-34. Nicole TERSIS
Le zarma (République du Niger). Etude du parler djerma de Dosso - Phonologie, syntématique et syntagme nominal.

Année 1973

35-36-37. Gladys GUARISMA
Le nom en bafia (langue bantoue du Cameroun).

38. Pascal BOYELDIEU, Luc BOUQUIAUX, Xavier GUINET, Judith HEDGER
Problèmes de phonologie (yakoma, rundi, sungor, wolof).

39-40. Suzanne RUELLAND
La fille sans mains. Analyse de dix-neuf versions africaines du conte.

Année 1974

41. André JACQUOT
Les noms personnels laadi (Kongo), répertoire onomastique.

42-43. Geneviève CALAME-GRIAULE (éditeur)
Le thème de l'arbre dans les contes. III.

44-45. Simha AROM et Jacqueline M.C. THOMAS
Les Mimbo, génies du piégeage et le monde surnaturel des Ngbaka-Ma'bo (R.C.A.).

46. Raymond BOYD
Etude comparative dans le groupe Adamawa.

Année 1975

47-48. Pascal BOYELDIEU
Etudes yakoma, langue du groupe Oubanguien (R.C.A.). Morphologie. Synthématique.

49-50. Christiane PAULIAN
Le kukuya, langue teke du Congo. Phonologie. Classes nominales.

51-52. Paulette ROULON
Le verbe en gbaya. Etude du syntagme verbal en gbaya-kara-'bodoe (région de Bouar, R.C.A.).

Année 1976

53. André JACQUOT, A.E. MEEUSSEN et Claire GREGOIRE
Etudes bantoues II.
1. Etude de phonologie et de morphologie myene, par André JACQUOT
2. Notes sur la tonalité du nom en laadi, par A.E. MEEUSSEN
3. Les suffixes verbaux et les finales de la conjugaison simple en laadi, par Claire GREGOIRE

54. C. FAIK-NZUJI M.
Devinettes tonales luba.

55-56. René LETOUZEY
Contribution de la botanique au problème d'une éventuelle langue pygmée.

57-58. Luc BOUQUIAUX (éditeur)
Théories et méthodes en linguistique africaine.

Année 1977

59-60. Jean-Pierre CAPRILE (éditeur)
Etudes phonologiques tchadiennes

61-62. Germaine FORGES
Kela, langue bantoue C (Zaïre). Phonologie, morphologie.

63-64. Gladys GUARISMA
Etudes vute (Cameroun) : phonologie et lexique.

Numéraux Spéciaux

1. Luc BOUQUIAUX et Jacqueline M.C. THOMAS (éditeurs) - LP 3-121 du CNRS
ENQUETE ET DESCRIPTION DES LANGUES A TRADITION ORALE (2° éd.)
I. L'enquête de terrain et l'analyse grammaticale, par Luc BOUQUIAUX et Jacqueline M.C. THOMAS (contributions de Simha AROM, Gladys GUARISMA et Jean-Claude RIVIERRE)
II. Approche linguistique (Questionnaires grammaticaux et Phrases), par Daniel BARRETEAU, Luc BOUQUIAUX, Raymond BOYD, Jean-Pierre CAPRILE, France CLOAREC-HEISS, Michel DIEU, Gladys GUARISMA, Claude HAGEGE, Françoise LEDUC, Patrick RENAUD, Michka SACHNINE, Nicole TERSIS, Jacqueline M.C. THOMAS.
III. Approche thématique (Questionnaire technique et Guides thématiques), par Simha AROM, Daniel BARRETEAU, Pierre BOITEAU, R. N. H. BULMER, Geneviève CALAME-GRIAULE, Jean-Pierre CAPRILE, Geneviève DOURNON-TAURELLE, Claudine FRIEDBERG, Pierre-Francis LACROIX (éd.)
Paris, SELAF, (1971), 1975 (2° éd.) 3 vol., 910 p. - Prix : 150 F.

2. Denise FRANCOIS
Français parlé. Analyse des unités phoniques et significatives d'un corpus recueilli dans la région parisienne.
Paris, SELAF, 1974, 2 vol., 842 p., 2 cartes - Prix : 250 F.

3. COLLOQUES INTERNATIONAUX DU CENTRE NATIONAL DE LA RECHERCHE SCIENTIFIQUE
LES LANGUES SANS TRADITION ECRITE : METHODES D'ENQUETE ET DE DESCRIPTION (Nice 28 juin - 2 juillet 1971).
Préface, par Gabriel MANESSY et Jacqueline M.C. THOMAS.
I. Préliminaires à l'enquête. Elaboration des questionnaires, par Z. JUNKOVIC, A.N. TUCKER, A. PROST, P-F. LACROIX, J.H. HOLLYMAN.
II. Techniques d'information, par M. HOUIS, C. PAINTER, W. SAMARIN, G. CALAME-GRIAULE, G. ROUGET, R. FERRELL.
III. Problèmes de comparaison généalogique, par G. MANESSY, H. JUNGRAITHMAYR, A.G. HAUDRICOURT.
IV. Constitution des corpus et méthodes de description, par J. DONEUX, B. POTTIER, H. OUNALLI et H. SKIK, J-P. ANGENOT, L. BOUQUIAUX, S. AROM, J-L. DONEUX, M. HOUIS, J. T. BENDOR-SAMUEL.
V. Organisation et fonctionnement des équipes de recherche. Programmes et travaux en cours, par P-F. LACROIX, P. ALEXANDRE, A. DIOP, M-J. CALVET, J-L. DONEUX, P-F. LACROIX et S. PLATIEL, J-P. CAPRILE, L. BOUQUIAUX.
VI. Communications non discutées en séances, par S. SAUVAGEOT, J. GILL, Y. PLAM, J. LE SAOUT et L. DUPONCHEL, J. GORGONIEV, E. GREGERSEN, H. A. GLEASON.
Paris, SELAF, 1975, 651 p. - Prix : 150 F.

4. Bernard Murray HAGGIS
La phonie du français chez les trilingues twi.
Paris, SELAF, 1975, 111 p. - Prix : 40 F.

5. V. G. GAK
L'orthographe du français.

Collection « Tradition Orale »

"LANGUES ET CIVILISATIONS A TRADITION ORALE"

1. André G. HAUDRICOURT, *Problèmes de phonologie diachronique* (réédition d'une série d'articles parus dans différentes revues françaises et étrangères).
I. Introduction - II. Principes théoriques - III. Applications à l'histoire du français - IV. Premières applications en Indochine - V. Applications au karen - VI. Applications au vietnamien et au chinois - VII. Application au miao-yao et au thai - VIII. Conclusions pour l'Indochine - IX. Applications en Océanie.
Paris, SELAF, 1972, 384 p., cartes - Prix : 59 F.

2. Gabriel V. SEVY, *Terre ngbaka : Etude de l'évolution de la culture matérielle d'une population forestière de République Centrafricaine*. Préface de Gilles SAUTTER - I. Esquisse ethno-historique - II. Aspects de la culture matérielle - III. Perspectives d'une économie nouvelle.
Paris, SELAF, 1972, 416 p., 52 pl. phot. - Prix : 62 F.

3. France CLOAREC-HEISS, *Le verbe banda. Etude du syntagme verbal dans une langue oubanguienne de République Centrafricaine.*
Paris, SELAF, 1972, 136 p., 2 cartes - Prix : 30 F.

4. Martine MAZAUDON, *Phonologie tamang (Népal).*
Paris, SELAF, 1972, 184 p., 2 cartes - Prix : 40 F.

5. Jean-Claude RIVIERRE, *Phonologie comparée des dialectes de l'extrême-sud de la Nouvelle-Calédonie.*
Paris, SELAF, 1973, 206 p., 3 cartes - Prix : 42 F.

6. Roger LABATUT, *Le parler d'un groupe de Peuls nomades du Nord-Cameroun.*
Paris, SELAF, 1973, 318 p., 2 cartes - Prix : 49 F.

7. Petites Soeurs de Jésus (Agadès), *Contes touaregs de l'Aïr.*
Introduction de Lionel GALAND. Commentaires de Geneviève CALAME-GRIAULE.
Paris, SELAF, 1974, 266 p. - Prix : 65 F.

8. Catherine PARIS, *La princesse Kahraman. Contes d'Anatolie en dialecte chapsough (Tcherkesse occidental).*
Paris, SELAF, 1974, 290 p., 4 cartes - Prix : 75 F.

9. Aurore MONOD-BECQUELIN, *La pratique linguistique des Indiens trumai (Haut-Xingu, Mato Grosso, Brésil). I.*
Paris, SELAF, 1974, 260 p., 7 cartes, 9 pl. phot. - Prix : 70 F.

10. Aurore MONOD-BECQUELIN, *La pratique linguistique des Indiens trumai. II. Les aventures de Soleil et Lune, et autres mythes trumai (Haut-Xingu, Mato Grosso, Brésil).*
Paris, SELAF, 1974, 219 p., 1 carte, 20 pl. phot. - Prix : 60 F.

11. Gérald TAYLOR, *Le parler quechua d'Olto, Amazonas (Pérou) : phonologie, esquisse grammaticale, textes.*
Paris, SELAF, 1975, 111 p., 2 cartes - Prix : 40 F.

12. Idelette DUGAST, *Contes, proverbes et devinettes des Banen du Cameroun.*
Paris, SELAF, 1975, 575 p. - Prix : 170 F.

13. Marie-José et Jean DERIVE et Jacqueline M.C. THOMAS, *La crotte tenace et autres contes ngbaka-ma'bo (R.C.A.).*
Paris, SELAF-ORSTOM, 228 p., 2 disques 17 cm. 33 t. (réalisation CETO, B. SURUGUE) - Prix : 90 F.

14. Alain BOUCHARLAT, *Le commencement de la sagesse. Devinettes rwanda.*
Paris, SELAF, 1975, 175 p. - Prix : 60 F.

15. Gabriel MANESSY, *Les langues oti-volta.*
Paris, SELAF, 1975, 350 p., 1 carte - Prix : 90 F.

16. Gaston CANU, *La langue mo:re. Dialecte de Ouagadougou (Haute-Volta). Description synchronique.*
Paris, SELAF, 1975, 490 p. - Prix : 120 F.

17. Jacqueline de LA FONTINELLE, *La langue de Houailou (Nouvelle-Calédonie).*
Paris, SELAF, 1975, 380 p.

18. Jean DERIVE, *Collecte et traduction des littératures orales. Un exemple négro-africain : les contes ngbaka-ma'bo (R.C.A.).*
Paris, SELAF, 1975, 256 p., dessins - Prix : 75 F.

Sous-presse :

Nicole TERSIS, *La mare de la vérité. Contes et musiques zarma (Niger).*
Paris, SELAF-ORSTOM, 1976, 150 p., 2 disques 17 cm. 33 t. (réalisation CETO, Bernard SURUGUE)

Daniel CAZES, *Epigrafia maya y linguistica mayance. Bibliografia preliminar.*
Paris, SELAF, 1976, 250 p.

Françoise OZANNE-RIVIERRE, *Le iaai (langue mélanésienne d'Ouvéa).*
Paris, SELAF, 1976, 275 p., 2 cartes.

Joseph LE SAOUT, *Phonologie du gbã (Côte d'Ivoire).*
Paris, SELAF, 1976, 450 p.

Veronika GÖRÖG-KARADY, *Noirs et Blancs. Leur image dans la littérature orale africaine.*
Paris, SELAF, 1976, 350 p.

Frank ALVAREZ-PEREYRE, *La fonction pédagogique du conte populaire en Roumanie.*
Paris, SELAF, 1976, 300 p., 2 cartes.

Marcel DIKI-KIDIRI, *Le sango s'écrit aussi (R.C.A.).*
Paris, SELAF, 1976, 150 p.

En préparation :

Luc BOUQUIAUX, *Dictionnaire sango (R.C.A.). Lexique français-sango.*
Paris, SELAF, 600 p.

France CLOAREC-HEISS et Jacqueline M.C. THOMAS, *L'aka, langue bantoue des Pygmées de Mongoumba (R.C.A.). Phonologie, morphologie, synthématique et syntagmatique.*
Paris, SELAF, 350 p., 3 cartes.

Jean-Claude RIVIERRE, *La langue de Touho. Phonologie et grammaire.*
Paris, SELAF, 400 p., 3 cartes.

Jean-Claude RIVIERRE, *Littérature orale cemuhi : I. Mythes, contes et poèmes. II. Textes historiques et cérémoniels.*
Paris, SELAF, 1300 p., 2 cartes.

Denise BERNOT, *Le prédicat en birman parlé.*
Paris, SELAF, 400 p.

Claudine FRIEDBERG, *Quelques pièces de littérature orale des Bunaq de Timor. (Textes recueillis et traduits par Louis BERTHE).*
Paris, SELAF, 220 p., 2 cartes.

Albert KIENTZ, *Contes senoufo. I. Etiologie et divinités.*
Paris, SELAF, 900 p., photos, dessins, disque.

Lucien DEMESSE, *Changements techno-économiques et sociaux chez les Pygmées Babinga.*
Paris, SELAF, 310 p., 3 cartes, documents annexes.

Bernhardt SCHEBECK, *Phonologies des langues australiennes.*
Paris, SELAF, 850 p., cartes.

Jean-Pierre CAPRILE, *Dictionnaire mbay-français et lexique français-mbay (langue sara du sud du Tchad).*
Paris, SELAF, 550 p.

Jean-Michel CHARPENTIER, *La langue de Port-Sandwitch (Nouvelles-Hébrides)*
Paris, SELAF, 240 p., 2 cartes.

Suzanne RENOUF-STEFANIC, *Animisme et islam chez les Manzas (R.C.A.).*
Paris, SELAF, 425 p., 2 cartes.

"LANGUES ET LITTERATURES DE L'AFRIQUE NOIRE"

1. Pierre ALEXANDRE, *Système verbal et prédicatif du bulu (Cameroun).*
Paris, (Klincksieck) SELAF, 1966, 219 p. - Prix : 30 F.

2. Geneviève CALAME-GRIAULE, *Dictionnaire dogon, dialecte toro. Langue et civilisation.*
Paris, (Klincksieck) SELAF, 1968, 372 p. - Prix : 45 F.

3. Idelette DUGAST, *Grammaire du tunen (Cameroun).*
Paris, (Klincksieck) SELAF, 1971, 388 p. - Prix : 87 F.

4. Idelette DUGAST, *Lexique de la langue tunen, parler des Banen du sud-ouest du Cameroun.*
Paris, (Klincksieck) SELAF, 1967, 260 p. - Prix : 51 F.

5. Pierre HELMLINGER, *Dictionnaire duala-français, suivi d'un lexique français-duala (Cameroun).*
Paris, (Klencksieck) SELAF, 1972, 688 p. - Prix : 105 F.

6. François LUMWAMU, *Essai de morphosyntaxe systématique des parlers kongo.*
Paris, (Klincksieck) SELAF, 1974, 287 p. - Prix : 45 F.

7. Claude PAIRAULT, *Documents du parler d'Iro, kùlàál du Tchad.*
Paris, (Klincksieck) SELAF, 1969, 286 p. - Prix : 42 F.

8. Alfa-Ibrahim SOW, *Chroniques et récits du Foûta Djalon.*
Paris, (Klincksieck) SELAF, 1968, 268 p. - Prix : 36 F.

9. Jacqueline M.C. THOMAS, *Contes, proverbes, devinettes ou énigmes, chants et prières ngbaka-ma'bo (R.C.A.).*
Paris, (Klincksieck) SELAF, 1970, 918 p. - Prix : 150 F.

Collection « Asie du sud-est et Océan indien »

1. Bakoly DOMENICHINI-RAMIARAMANANA, *Le malgache.*
   Paris, SELAF, 1976, 120 p., 1 carte.

2. Adolphe RAZAFINTSALAMA, *Les Tsimahafotsy d' Ambohimanga. Organisation familiale et sociale en Imerina (Madagascar).*
   Paris, SELAF, 1976, 200 p., 3 cartes.

3. Jacques DOURNES, *Mythes sré. Trois pièces de littérature orale d'une ethnie austro-asiatique.*
   Paris, SELAF, 1976, 300 p., 2 cartes.

4. Nicole REVEL-MACDONALD, *Le palawan. Phonologie, catégories, morphologie*
   Paris, SELAF, 220 p., 2 cartes.

5. Henri CAMPAGNOLO, *La langue des Fataluku de Loréhe (Timor).*
   Paris, SELAF, 250 p., 3 cartes.

6. André BAREIGTS, *Les Lautu. Contribution à l'étude de l'organisation sociale d'une ethnie chin de Haute Birmanie.*
   Paris, SELAF, 520 p.

7. Jacqueline MATRAS-TROUBETZKOY, *Le village et l'essart. Etude de la culture du riz chez les Brou du Cambodge (Province de Ratanakiri).*
   Paris, SELAF, 500 p.

Revue d'Ethnolinguistique Amérindienne

AMERINDIA 1. *Editorial*, par Bernard POTTIER
L'énoncé en langue andoke : sujet ou focus? par Jon LANDABURU
Les transferts de classes en aymara (zone Lupaka), par Liliane PORTERIE-GUTTIEREZ
Glotocronología hña-maclasinca--meco (Otopame), par Daniel CAZES
Classes verbales et construction ergative en trumai, par Aurore MONOD-BECQUELIN
Notes et documents, par Joaquín GALARZA et Sybille de PURY, Guy BUCHHOLTZER, Abdón YARANGA VALDERRAMA
Bibliographie générale, par Bernard POTTIER
Paris, SELAF, 1976, 180 p., cartes - Prix : 60 F.

AMERINDIA 2.
Textes andoke, par Jon LANDABURU
Le pluriel transcatégoriel -ké' en anuatl : contribution à l'étude la relation "être"-"avoir", par Michel LAUNEY
Les amants punis. Conte trumai (Haut-Xingu), par Aurore MONOD-BECQUELIN
Etude préliminaire de la morphologie du nom en tatuyo, par Elsa GOMEZ
Chilueno ou arauco, langue des Changos du nord du Chili, dialecte mapuche septentrional, par André Marcel d'ANS
Materiales linguisticos para la reconstruccion de la cultura hna-maclasinca -- meco (Otopame), par Daniel CAZES
El pochuteco en la dialectologia nahua, par Juan A. HASLER
Paris, SELAF, 1976, 160 p., cartes - Prix : 60 F.

AMERINDIA est une revue d'ethnolinguistique publiée par l'Equipe de Recherche Associée (ERA 431) du Centre National de la Recherche Scientifique (CNRS, France), équipe dirigée par M. le Professeur Bernard POTTIER. AMERINDIA a pour intention de développer la recherche sur les langues indigènes des Amériques en France. AMERINDIA souhaite faire paraître des études originales d'ethnolinguistique amérindienne, ainsi que des commentaires, des textes, des documents de travail.

Le Comité de Rédaction d'AMERINDIA espère que la revue deviendra un lieu de contact pour tous les linguistes qui étudient les langues américaines et se propose donc d'ouvrir les pages d'AMERINDIA à tous les chercheurs intéressés.

Adresser toute correspondance à :

Comité de Rédaction d'AMERINDIA
a/s Pr. Bernard POTTIER, ERA 431
31, rue Gay-Lussac - 75005 PARIS - France

TOUTE CORRESPONDANCE CONCERNANT LES PUBLICATIONS DOIT ETRE ADRESSEE A :

SELAF
5, rue de Marseille
75010 PARIS (France)
Tél. 208.47-66

Les adhésions à la "Société d'Etudes Linguistiques et Anthropologiques de France", ainsi que les renouvellements d'adhésion sont à envoyer à cette même adresse.

Le règlement des cotisations est à effectuer de préférence par virement postal ou bancaire :

- *soit au compte de la Société :*
  SELAF, n° 40527 C, Crédit Lyonnais, Agence XK 418
  30 bd. de Magenta, 75010 PARIS
- *soit au CCP du Crédit Lyonnais :*
  Crédit Lyonnais, Agence XK 418, CCP 947 PARIS

en précisant sur le volet de correspondance :
"Pour le compte n° 40527 C de la SELAF"

Le taux de l'abonnement annuel à la "Bibliothèque de la SELAF" *est fixé comme suit, pour l'année 1976 :*

- *membres individuels :*	
France et Marché Commun	80 FF.
ailleurs	100 FF.
- *bibliothèques, instituts et collectivités :*	150 FF.

Pour avoir le droit de vote *à l'Assemblée Générale Ordinaire, les membres de la Société sont tenus d'acquitter une cotisation dont le montant est fixé, pour l'année, à :* 5 FF.

Pour l'achat de numéros isolés ou de collections de la "Bibliothèque de la SELAF", *s'adresser directement au siège de la SELAF, à l'adresse ci-dessus ou aux librairies spécialisées.*

- *prix du numéro simple :*	30 FF.
- *prix du numéro double :*	55 FF.
- *prix du numéro triple :*	70 FF.

Les autres commandes pour les différentes collections ou pour les disques doivent également être adressées au siège de la SELAF.

*
* *

Les manuscrits proposés pour la publication sont à envoyer au Comité de Rédaction à l'adresse de la SELAF ci-dessus. Ils doivent être entièrement dactylographiés en double interligne. Le mode de présentation, la mise en page et les caractères employés étant fonction du procédé de reproduction et des normes de la Revue ou de la Collection sont soumis aux décisions de la Rédaction.

Les manuscrits non insérés ne sont pas rendus.

Le contenu des publications (ouvrages, illustrations, disques) n'engage que la seule responsabilité de leurs auteurs.

Une publication dans les Revues ou dans les Collections ne donne lieu à aucun droits d'auteur. Celui-ci recevra dix exemplaires de son ouvrage ou dix tirés à part de son article. Il pourra se procurer une quinzaine d'exemplaires supplémentaires à tarif réduit.

INSTRUCTIONS AUX AUTEURS

Pour la remise d'un manuscrit à la SELAF, il est demandé aux auteurs de présenter un texte répondant aux normes ci-dessous et de fournir les indications suivantes :

1. Le NOM et les PRENOMS de l'auteur, son ADRESSE et, éventuellement, son numéro de TELEPHONE.

2. Le TITRE de l'ouvrage (aussi concis que possible) et un sous-titre plus développé (indiquant, par exemple, lorsqu'il s'agit d'une langue, son groupe linguistique et le pays où elle est parlée).

3. Un SOMMAIRE (têtes de chapitres et grandes subdivisions de chaque chapitre).

4. Un RESUME de l'ouvrage en 10/15 lignes maximum.

5. Toutes les ILLUSTRATIONS de l'ouvrage (cartes, dessins, photos, schémas) sur papier blanc ou sur calque, *à part du texte* (même si elles doivent figurer dans le texte), avec indication de la *localisation souhaitée* dans l'ouvrage.

6. Un / des INDEX (sauf pour quelques ouvrages où cela ne s'impose pas), renvoyant aux *paragraphes codés* (voir plus loin en 9) du texte et non pas aux pages du manuscrit.

7. Une BIBLIOGRAPHIE (complète des ouvrages cités dans le texte) respectant les normes bibliographiques rappelées dans la notice ci-après. Dans le texte et les notes, les références aux ouvrages seront faites de la façon suivante :
NOM de l'auteur, date, page - Ex. (ABRAHAM, 1962, 78)

8. Une TABLE DES MATIERES détaillée renvoyant aux *paragraphes codés* (voir ci-dessous en 9) du texte et non aux pages du manuscrit.

9. Un PARAGRAPHAGE CODE du texte, c'est-à-dire une division en paragraphes absolument arbitraire : chaque page du texte doit comporter *au moins un* numéro de paragraphe, *au plus trois*. Le numérotage se fait en attribuant à chaque chapitre (y compris Avant-Propos, Introduction) un N° de 1 à X et en subdivisant en paragraphes allant de 1 à X à l'intérieur de chaque chapitre. Ex. 1.1, 1.2, 1.3, 1.4, ... 1.12, 1.13, 1.14, ... 1.101, 1.102, 1.103 ...; 2.1, 2.2, 2.3, ... 2.20, 2.21, 2.22 ... (cf. N° 27-28, 29, 31 de la "Bibliothèque de la SELAF", N° 1 et 3 de la collection "Tradition Orale").

10. Le cas échéant, un ENREGISTREMENT sur bandes magnétiques en 9,5 cm/s ou mieux en 19 cm/s de bonne qualité (la Rédaction se réserve le droit de décider, après examen technique, de l'opportunité de la publication sonore).

11. Indication du nombre de TIRES A PART supplémentaires (payants) désiré. L'auteur reçoit gratuitement 10 tirés à part de son ouvrage ou de son article et peut indiquer à la SELAF 10 noms de personnalités (susceptibles de faire un compte rendu) auxquelles il désire voir adresser l'ouvrage.

INDICATIONS BIBLIOGRAPHIQUES

Les auteurs dont les contributions sont destinées à paraître dans les Revues ou Collections de la SELAF sont priés de se conformer aux règles ci-dessous quand ils citent des ouvrages et des articles ou quand ils rédigent leur bibliographie.

I. OUVRAGES

1) NOM DE L'AUTEUR, en capitales, suivi de l'initiale du ou des prénoms ou du prénom entier, éventuellement entre parenthèses. *Tiret.*

2) Date d'édition. S'il s'agit d'une réédition, on le signale en le notant explicitement; par exemple (3° éd.), ou en mettant en exposant après la date le numéro de l'édition : 1963^3. *Virgule.*

3) Titre de l'ouvrage souligné. *Virgule.*

4) Lieu d'édition. *Virgule.*

5) Nom de l'éditeur.

6) Entre parenthèses (Titre de la Collection. *Virgule.* Et numéro dans la collection), le cas échéant (si l'ouvrage fait partie d'une collection).

7) Nombre de pages (éventuellement la pagination en chiffres romains pour les Préface et Avant-propos + la pagination en chiffres arabes). *Point.*

8) Lorsque l'ouvrage comporte des illustrations graphiques et/ou sonores, elles seront mentionnées après le nombre de pages, suivi d'une virgule, et avant le point (ex. : 125 p., 2 cartes, 5 pl. phot., 2 disques 33 t. 17 cm.).

Exemples

ABRAHAM R.C. - 1962 (2° éd.), Dictionary of the Hausa Language, Londres, University of London Press, 992 p.

ABRAHAM R.C. - 1962^2 - Dictionary ...

WESTERMANN (D.), BRYAN (M.A.) - 1952, The Languages of West Africa, Londres, Oxford University Press for International African Institute (Handbook of African Languages, III), 215 p., 1 carte h-t.

II. ARTICLES

1) Idem que pour les ouvrages.

2) Idem que pour les ouvrages.

3) Titre de l'article non souligné. *Virgule.*

4) Lieu d'édition et nom de l'éditeur entre parenthèses.

5) Titre de la revue d'où l'article est extrait, souligné. *Virgule.*

6) Tomaison. *Virgule.* Entre parenthèses (éventuellement) le fascicule. *Virgule.*

7) Pagination de l'article (éventuellement illustrations). *Point.*

Exemples

SASSOON H. - 1964, A Burial among the Birom, (Londres) Man, LXIV (1), pp. 8-10.

CARTER H. - 1964, Some problems of Double Prefix Distribution in Northern Rhodesian Tonga, (Londres, Macmillan) Journal of African Languages, 3 (3), pp. 241-251.

Lorsqu'un auteur a publié la même année plusieurs ouvrages ou articles, on les cite successivement par ordre alphabétique (sans tenir compte des articles définis ou indéfinis ni des prépositions), en faisant suivre la date de a, b, c, d ... Cette façon de procéder permet, dans le texte, de se référer à un ouvrage ou à un article sans en mentionner chaque fois le titre. En présentant une bibliographie comme dans les exemples ci-dessous, on pourra dire par exemple :

"Le problème a été examiné par MARTINET (1965 b, p. 42)", plutôt que "... MARTINET, 1965, Le mot, Diogène, LI, p. 42."

Exemples

MARTINET (A.) - 1960, Eléments de linguistique générale, Paris, Armand Colin, 224 p.
- 1965 a, La linguistique synchronique, Paris, PUF, 248 p.
- 1965 b, Le mot, (Paris), Diogène, LI, pp. 39-53.
- 1966, L'autonomie syntaxique, (Paris) Méthodes de la grammaire. Tradition et nouveauté, pp. 49-59.

Lorsqu'un article ou un ouvrage est publié sans date, on remplace celle-ci par la mention s.a. (*sine anno*) ou s.d. (*sine die*). Si le lieu de l'édition n'est pas indiqué, on le signale par la mention s.l. (*sine loco*).

III. COMPTES RENDUS

Le titre de l'ouvrage ou de l'article qu'on recense est cité suivant les mêmes conventions que ci-dessus, mais la date suit le nom de l'éditeur. Après l'indication de la pagination, on fait figurer, si on la connaît, la mention du prix.

Exemple

HELMLINGER (Paul), Dictionnaire duala-français, suivi d'un lexique français-duala, Paris, Klincksieck (Langues et Littératures de l'Afrique Noire, IX), 1972, XXI+665 p. - Prix : 140 F.

Les auteurs désireux de faire paraître un compte rendu de leurs publications dans une revue de la SELAF sont priés d'en adresser un exemplaire au Directeur des Publications, à l'adresse de la SELAF.